영원한 의병장

운강 이강년

구완회具玩會

1957년 충북 보은에서 출생. 경북대학교 인문대 사학과를 졸업하고 같은 대학에서 석사학위와 박사학위를 받았다. 1992년부터 세명대학교 교수로 있으면서 조선시기의 지방제와 한말의 의병에 관한 글을 썼다. 의병에 관한 저술로 제천시 문화상(1999), 보훈문화상(2009), 의암대상(2011)을 받았다.

영원한 의병장 운강 이강년

초판 제1쇄 인쇄 2015. 12. 18.
초판 제1쇄 발행 2015. 12. 25.

지은이   구 완 회
펴낸이   김 경 희

경 영   강 숙 자
편 집   김 동 석
영 업   문 영 준
경 리   김 양 헌

펴낸곳   (주)지식산업사
         본사 ● 10881, 경기도 파주시 광인사길 53
              전화 (031)955 - 4226~7 팩스 (031)955 - 4228
         서울사무소 ● 03044, 서울시 종로구 자하문로6길 18-7
              전화 (02)734 - 1978 팩스 (02)720 - 7900
         한글문패   지식산업사
         영문문패   www.jisik.co.kr
         전자우편   jsp@jisik.co.kr
         등록번호   1 - 363
         등록날짜   1969. 5. 8.

책값은 뒤표지에 있습니다.

이 책을 읽고 저자에게 문의하고자 하는 이는
지식산업사 전자우편으로 연락바랍니다.

이 책은 2015년도 국가보훈처의 보조금 지원으로 이루어진 것이나 그 세부 내용은 국가보훈처의 견해와 다를 수 있습니다.

영원한 의병장

은강 이강년

구완회

머리말

   이강년을 검토할 때 먼저 떠오르는 것은 다음 두 가지이
다. 하나는 이강년에 대한 학계의 관심이 적다는 점이요, 다
른 하나는 이강년에 덧씌워진 '신화' 벗기기가 만만치 않다
는 점이다.

   먼저 이강년에 대한 관심이 적은 까닭은 무엇일까? 이강
년은 건국공로훈장 가운데 최고 등급인 대한민국장을 추서
받았을 만큼 저명한 의병 지도자이다. 그러나 학계나 교과
서에서 이강년의 이름을 찾기란 쉽지 않고, 그 내용도 부정
확한 예가 많다. 이는 의병에 대한 관심이 적기 때문이기도
하지만, 이강년 의병이 의병사의 흐름에서 조금 동떨어져
보이기 때문이기도 하다.

   한말 의병사는 전기前期의 '척사斥邪의병'에서 시작하여 후

기의 '구국救國의병'으로 발전하는 과정을 거쳤다. 정미년
(1907) 군대 해산 뒤로 해산 군인들이 이끄는 의병대가 나타
나면서 평민 성향 의병대의 반反봉건적 지향에 대하여 긍정
적인 평가가 있었다. 이에 따라 평민 출신으로 의병을 이끌
었던 의진들이 주목받았고, 보수 유생 출신 의병 지도자인
이강년은 별다른 주목을 받지 못하였다. 평민 의병이 대두
하는 상황에서 이강년 부대가 맡았던 구실을 제대로 주목하
지 못하였다.

　이강년을 올바르게 이해하는 데 걸림돌이 되는 문제가 또
있다. 바로 자료 문제이다. 다른 의병장에 견주어 풍성한 자
료가 남아 있기는 하지만, 해방 뒤에 윤색이 많아지면서 의
병장의 실제 모습을 제대로 전하지 못하였기 때문이다. 일
기와 같은 전거典據 자료를 일일이 밝혀가면서 서술한《창의
사실기倡義事實記》(필사본)를《운강선생창의일록雲崗先生倡義日
錄》(목판본)으로 개작하는 과정에서 대대적으로 윤색한 흔적
이 너무나 분명하다.

　신화가 되다시피 한 역사의 본모습을 드러내는 일은 곤혹
스럽기 마련이다. 그러나 우리 의병사를 바르게 이해하고 의
병장 이강년을 바로 보려면 용기를 내야 한다. 이에 논란을
무릅쓰고《창의사실기》를 기본 사료로 삼아 의병장 이강년의

생애를 정리하고자 했다.

이 글을 쓰면서 여러 해 앞서 출간한 《한말의 제천의병》을 많이 끌어다 썼다. 이를 더 쉽게 읽을 수 있도록 마무리하지 못한 것은 저자의 능력과 게으름 탓이다. 그나마 이만큼이라도 선보일 수 있게 된 것은 문장을 교열해준 지식산업사 사장 김경희 님, 편집부의 김동석 님 덕이다. 두 분께 감사드린다. 아울러 출간을 주선해준 경상북도독립운동기념관 김희곤 관장님과 관계자들께 깊이 감사드린다. 아무쪼록 미련한 붓질이 이강년 의병장의 진면목을 드러내는 데 작은 디딤돌이 되기를 바란다.

2015년 가을, 운강의 순국일에 즈음하여
구완회

차 례

제1장

성장 배경과 초년의 활동

성장 배경

이강년의 호는 운강雲岡·雲崗, 자는 낙인樂寅·樂仁, 본관은 전주全州로 효령대군의 후손이다. 1858년 음력 12월 30일에 오늘날의 문경시 가은읍 상괴리 도태 마을에서 기태起台(초명은 종태鐘台)의 아들로 태어났다. 도태 마을이 있는 가은 지역은 북쪽으로는 희양산·백화산, 서쪽으로 대야산·조항산·청화산 등 큰 산을 경계로 괴산·상주와 만나는 지역이다. 이강년 집안은 가은읍 안의 완장·도태·죽문 등의 마을에 살았다.

이강년의 선조가 영남으로 들어온 것은 효령대군 10세손인 성민聖民 때이다. 집안에 전하는 기록에 따르면, 그는 인조 때 권신인 김자점金自點의 일가붙이였지만 안동의 감천甘泉(오늘날의 예천군 감천면)에 피해 살았다고 한다. 그 뒤 12세 세형世亨은 송시열宋時烈이 억울하게 북쪽으로 귀양 가자 조정에 따졌으

문경시 가은읍 상괴리 455-2번지에 있는 운강 생가 표지석(사진 황용건)

며, 14세 윤욱允郁은 영조 기사년(1749) 알성시 문과 때 사간원 정언正言으로 상소하였는데, 동궁을 잘 보필하여 이끌 것과 효孝의 이치로 다스릴 것, 노론 세력에게 무신년(1728)의 흉악한 무리라고 비판받은 조덕린趙德麟의 손자가 함부로 과거에 든 것을 깎아달라고 청하였고, 또한 백성의 재물을 탐내는 벼슬아치 김광국金光國·정충호鄭忠浩와 시험을 주관한 이현급李賢汲을 배척하였으며, 부모님을 봉양하고자 고향으로 돌아갈 것을 청하여 사직했다고 한다.

이처럼 이강년은 영남에 뿌리내렸으면서도 노론 성향이었던 집안 분위기 속에서 성장했다. 뒷날 별다른 갈등 없이 화서

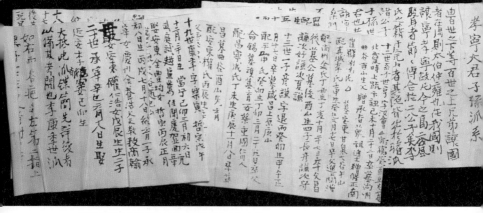

이강년이 남긴 집안의 내력 〈효령대군자손파계〉

학파華西學派를 따랐던 것도 이런 배경에서 이해할 수 있다.

어렸을 적 이름은 '양출陽出'이다. 모친 의령남씨가 그를 잉태하고 태양을 꿈꾸었기 때문이라고 한다. 총명하여 세 살 때 어려운 한자들을 구별해냈고, 여덟 살에 부친상을 당했을 때도 흐트러진 모습을 보이지 않았다고 한다.

그는 아버지 대신 백부 그늘에서 성장했다. 보잘것없는 살림이었지만, 노비가 두엇 되는 집안이었기에 그나마 사족으로서 체면치레는 할 수 있었다. 백부의 뒤를 이어 무예를 닦았고, 스물두 살 되던 1879년에는 무과에 급제하였다. 그 뒤 이강년은 변방에서 고을살이하던 백부를 따라다니면서 견

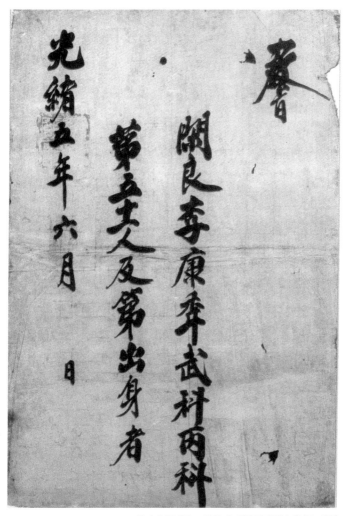

무과에 급제하고 받은 홍패(운강이강년기념관 제공)

문을 넓혔다. 이때 무과 급제자로서 정식 관료가 되기에 앞서 거치던 군관軍官 경력을 쌓았던 듯하다. 군관 생활은 변방의 상황을 익힐 수 있는 기회였고, 관료가 되기를 꿈꾸는 무인들이 무과에 급제한 뒤에 거치는 전형적인 경력이었다. 백부의 부임지는 색향色鄕으로 이름난 곳이었지만 그런 쪽에는 눈길도 주지 않았다.

그 뒤로 이강년이 어떤 관료 경력을 쌓았는지에 관해서는 논란이 있다. 절충장군행용양위부사과折衝將軍行龍驤衛副司果를 거쳤다는 기록이 있기는 하지만, 미덥지 않다. '선전관宣傳官 후보에 오르기까지' 했다는 《창의사실기》의 서술, '선전관 천거를 통과했다〔越宣薦〕'고 이강년 자신이 남긴 기록을 받아들이는 것이 온당할 듯하다. 이강년의 아들이 관례冠禮를 치를 때 초대받은 박규신朴珪信은 이강년을 '선달先達 어른'으로 일컬었다. 선달은 무과에 급제하고 벼슬을 얻지 못한 이를 가리키는 칭호이다.

동학 활동에 대한 논란

이강년은 강직한 인물이었다. 향리에 머물 때 권귀權貴라

하여 부당한 행패를 부리면 당당히 맞서니 권귀들도 꺼렸다고 한다. 이는 그가 출세에 마음 두지 않았기 때문에 가능했을 것이다. 그는 '세상이 생각과 크게 다르게 돌아가는 것'을 보고 벼슬길을 단념하였다고 한다. 아마 개화 정책에 대한 불만 때문이었을 것이다. 그리고 1894년 가을에 동학 농민군이 반외세의 깃발을 내걸고 다시 봉기하여 일본군과 맞설 때 그도 역사의 물결에 뛰어들었다는 의견이 있다.

이강년이 동학 농민군의 반외세 투쟁에 뛰어든 것에 대하여는 논란이 있다. 일본 경찰이 작성한 자료에는 '동학당 봉기 때에는 그 지방의 수괴로서 대대적으로 관병官兵에 대항하여 비상非常한 참해慘害를 일으켰다'고 하였으나, 의병 지도자로 이강년을 기억하는 이들은 그가 유인석의 학문을 충실히 받드는 성리학자라면서 이를 부정했다. 유인석을 비롯한 의병 지도자들이 대개는 동학의 논리와 실천 방식을 이단으로 단정하는 성리학 근본주의자였기 때문이다.

그러나 바로 그러한 이유 때문에 동학에 가담했으면서도 이를 드러내는 예가 매우 드문 것 또한 사실이다. 사후에 편찬된 《창의사실기》에는 '갑오년 6월에 동비東匪와 왜변이 아울러 일어나서 온 나라가 소란스러웠다. 공이 분개하여 순국殉國하려는 뜻을 품었으나 모친이 경계하였기에 잠시 멈추었다. 그러나 널리 사람을 끌어들이는 일에 힘썼다'고 하여 모호하게 표현하였다.

실제로 1894년 가을 무렵, 일본군에 맞서려던 저항의 동력은 동학 쪽으로 모여들었다. 따라서 그쪽과 연대하지 않고 독자적으로 봉기하는 것은 거의 가능하지 않았다. 뒤에 이강년이 몸담게 되는 호좌의진湖左義陣의 지도자들 가운데도 서상렬徐相烈이나 안승우安承禹가 을미사변乙未事變 뒤로 의병을 일으키려고 하였으나 끝내 뜻을 이루지 못한 것은 그 때문이었다.

겉으로 보기에 이강년도 서상렬이나 안승우처럼 의병을 일으키고자 하였으나 뜻을 펴지 못했던 경우이다. '동학 도적이 일어났을 때 의병을 일으키고자 하였으나 실천에 옮기지 못했네〔東匪時欲倡義未果〕'라는 그의 시가 이를 말해준다. 그러나 뒷날 이강년과 함께 의병의 길을 걸었던 윤기영尹基永이나 김상태金尙台가 모두 동학과 얽혀 있던 것을 우연이라고 보기에는 석연치 않다. 출신 지역이 서로 다른데도 함께할 수 있었던 공통점이 있었을지도 모른다.

당시 일제는 순수한 동학 세력과 '위동학僞東學' 무리를 구분하는 일이 많았다. 동학의 교리보다는 일본군 배척을 내세우며 일본군 병참을 공격하는 농민군을 '위동학도', 곧 '거짓 동학도'로 보았다. 이강년이 동학에 가담한 적이 있었다

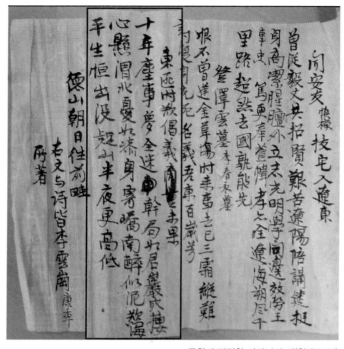

동학과 관련한 이강년의 시(확대 부분)

면, 아마 그러한 경우였을 것이다. 그가 일본군을 몰아내겠다는 동학 농민군의 구호와 대외 의식에 공감하였을 가능성은 남아 있다. 문경의 동학 세력은 그해 음력 9월 말에 석문石門(문경 동로면 인곡리의 돌문밖)에서 일본군과 크게 전투를 벌인 자취를 남겼다.

제2장

단발령 이후의 의병 활동

첫 의병 봉기

'척왜양이斥倭攘夷'를 내세웠던 1894년 가을의 동학 농민군 봉기는 일제가 잔혹하게 탄압하여 실패하고 말았다. 그러나 이듬해 여름에 일본군이 민 중전閔中殿을 시해하고 이어 단발령을 내린 1895년 말, 전국적으로 의병의 기운이 일었다. 처음에 이강년은 안동으로 나아가서 권세연權世淵의 의병을 돕고자 하였다. 영남 북부 지역의 여러 고을에는 명문가의 후손들이 주도하는 의진이 속속 꾸려졌고, 그들이 안동의진을 중심으로 결속하였기 때문이다. 그러나 이때 안동의진은 경병京兵이 출동하자 지레 주눅이 들어 무너졌다. 이강년은 빈손으로 돌아올 수밖에 없었다. 그날이 병신년 새해 첫날, 양력으로는 1896년 2월 13일이었다.

이 무렵 제천 쪽에서 '호좌의진'의 명성이 들려왔다. 친일

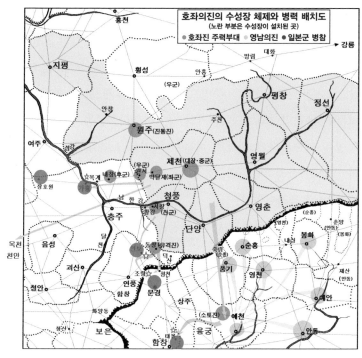

호좌의진이 수성장을 임명한 지역과 의진의 활동(충주성에서 돌아온 뒤)

내각의 지시를 받들기만 하는 단양·청풍 군수를 베고 충주까지 나아가 관찰사를 베고 기세를 올린다는 충격적 소식이었다. 호좌의진은 유인석柳麟錫이 중심이었는데, 거침없이 '왜군수倭郡守', 곧 친일 군수를 베고, 세곡稅穀을 끌어다 군수물자로 확보하면서 강경 투쟁을 이끌었다. 주도 세력은 제천의 장담長潭에 내려와 화서학華西學의 씨를 뿌린 유중교柳重教의 학문적 계승자들과 지평(오늘날의 양평)에서 봉기한 포군부대였다. 그들은 사군四郡(제천·청풍·단양·영춘의 네 고을. 곧 오늘날의 제천·단양) 지역을 중심으로 병력을 크게 모아 제천을 비롯한 10개가량의 고을을 거의 장악하였다. 안동 지역에서 의병을 일으켰다가 실패한 이들도 재기를 노리며 호좌의진과 밀접히 접촉하였는데, 호좌의진도 영남의 의진과 연대하는 것에 적극적이었다.

호좌의진이 침체한 영남의 의진을 지원하고자 남으로 내려온다는 소식도 퍼졌다. 제천 쪽에서 보내온 격문을 받고 이강년은 크게 고무되어 곧바로 봉기에 나섰다. 완장리에서 괴산 삼송리 쪽으로 넘어가는 밀재의 고갯마루에 있는 주막에서 산포수 10여 명을 모은 뒤에, 그들을 이끌고 도태 장터로 나아가서 장꾼들을 의병으로 확보하였다. 그리고 왕능王陵(문경 가은읍 왕능리) 장터로 나아가 봉기하였으니, 이날이 2월 23일(1월 11일. 이하 괄호 안의 날짜는 음력임), 병력은 3백여 명이었다. 종제 강수康壽가 토지를 전당 잡혀 2백 냥을 마련해주었다. 서형 강우康佑가 재앙을 걱정하자 칼을 들어 다시는 말하지 못하게 했다.

이때 도주하는 '삭발자' 셋을 잡았는데, 안동 관찰사 김석

김석중을 처단한 장소인 농암 장터의 개바위

중金奭中과 그를 호위하던 순검들이었다. 안동부에서 단발령을 강행하고, 일본군을 동원하여 의병을 깨뜨리려던 김석중은 그 지난해에 농민군을 토벌한다는 구실로 문경에서 행패를 부려 원성이 자자하던 자이기도 했다. 이강년은 '난신적자亂臣賊子는 누구나 죽일 수 있다'는 명분을 내걸고 농암籠巖(문경 농암면 농암리) 장터에서 김석중의 목을 베었다. 이날이 2월 25일(1월 13일)이었다.

호좌의진湖左義陣에 합류하다

당시 영남 쪽에서는 호좌의진에 대한 기대가 컸다. 거침없이 '왜군수'를 베고 충주성을 공략했을 뿐 아니라, 고을 10개가량에 수성장守城將을 임명하여 행정을 맡기고 해방구로 장악하는 위엄을 떨쳤기 때문이다. 여러 곳에서 봉기한 의병들이 호좌의진의 성세에 고무되어 합류하러 왔다. 이강년도 봉기 뒤 곧바로 충주에 사람을 보내 도움을 청하였다. 충주에서 부장副將 1명이 소부대를 이끌고 내려온다는 소식도 들려왔다.

이강년은 모곡茅谷(문경 마성면 모곡리)에 주둔하면서 원군을 기다렸다. 그러나 충주 쪽에서는 감감무소식이었다. 당시 호좌의진은 충주성을 장악한 뒤 일본군의 공세에 시달렸기 때문에 도움을 줄 겨를이 없었지만, 이강년이 이를 알 리 없었다. 이강년 의진은 야습을 우려하여 석현산성石峴山城(문경 마성면 신현리에 있음)에 들어가 방어하고 지원부대를 기다렸다. 그러나 이튿날 아침 경병의 공격을 받고 허무하게 무너지고 말았다. 봉기한 지 닷새 만인 2월 27일(1월 5일)의 일이었다. 이때 출동한 경병은 농암·왕능 장터와 김석중의 목을 내걸었던 고모성姑母城(문경 마성면 신현리에 있으며 석현성과

문경의 석현산성

이어짐) 문루 등을 불태웠다.

이강년은 다시 권세연이 이끄는 안동의진으로 나아가 합류하고자 했다. 그러나 봉기 초에 패전한 대장의 책임을 물어 교체할지 유임할지를 두고 논란이 벌어져 어수선하던 안동의진은 이강년에게 별다른 관심을 보이지 않았다. 어쩌면 그가 노론 성향의 가문 배경을 지녔기 때문에 환대받지 못했을 수도 있을 것이다.

이강년은 발길을 돌려 호좌의진을 찾았다. 그날은 스무날 남짓 충주성에서 일본군과 격전을 벌이던 호좌의진이 견디지 못하고 제천으로 돌아온 지 닷새째 되던 날이었다. 다시 기세를 떨치고자 부대를 정비하던 유인석은 곧장 그를 유격장에 임명하였으니, 3월 14일(2월 1일)의 일이었다. 그 뒤 이강년은 주로 원주 출신으로 이루어진 병사들을 이끌고 호좌의진이 이끄는 여러 군사작전에 참여했다.

한편 이 무렵 호좌의진에서는 소모장 서상렬을 영남으로 내려보내 영남의 여러 의진들을 규합하고자 노력하였다. 서상렬이 호좌의진의 소토진召討陣을 이끌고 안동의 안기역安奇驛에 도착한 것은 이강년이 제천에 도착하기 직전이었으니, 이강년이 석현산성에서 애타게 기다리던 호좌의진의 응원군치고는 도착이 조금 늦었던 셈이다.

유격장 이강년의 활동

유격장이 된 이강년이 맡은 첫 번째 임무는 일본군 병참을 공격하는 일이었다. 당시 호좌의진은 가흥可興(충주 중앙탑면 가흥리)과 안보安保(충주 수안보면 안보리)의 일본군을 제압하지 못하면 앞으로 나아갈 수 없고, 근거지를 지킬 수도 없는 형편이었다. 이들 병참의 일본군은 청일전쟁 때에 그들이 설치한 부산에서 서울에 이르는 통신선을 지키면서, 한국의 관리들과 긴밀한 협조 체제를 구축하고 있었다. 1년 반쯤 앞서 동학 농민군을 잔인하게 진압한 장본인들이기도 했다.

대장 유인석은 가흥과 안보의 일본군 병참을 함께 공격하기로 했다. 충주로 나가는 길목을 방어하던 후군과 좌군, 우군·선봉군까지 합쳐서 가흥을 치도록 하고, 이강년에게는 청풍의 서창西倉(제천 한수면 서창리) 쪽을 방어하던 전군장 홍대석洪大錫과 힘을 합쳐 안보를 치도록 했다.

3월 15일(2월 2일), 이강년은 안보를 치고자 제천을 출발했다. 안보의 남산에 이르러 공격을 시작한 것은 나흘 뒤였는데, 적 2명을 사살한 것 말고는 큰 성과를 거두지 못하였다. 험준한 산간지대였기 때문에 보급을 해결하기 어려워 끝내 덕주산성德周山城(제천 한수면 송계리에 있는 산성) 쪽으로 물러섰다. 전군도 청풍으로 돌아갔다. 가흥의 일본군 병참을 치고자 나갔던 여러 전투부대도 별다른 소득 없이 물러서고 말았다.

그 뒤 이강년은 동창東倉(제천 한수면 송계리 동창 마을)에 머물면서 다시 안보를 공격하고자 준비를 시작했다. 그때 영남에 나아가 작전을 펼치던 소토장 서상렬에게 지원을 바라는 요청이 왔다. 서상렬은 안동·예안·풍기·순흥·영천榮川(오늘날의 영주)·봉화·예천 등 영남 일곱 고을의 병력을 규합하여 예천에서 대규모 의병 모임을 주선하고 의병에 협조하지 않는 지방관을 베면서 호좌의진의 위엄을 떨치고 있었다. 그는 일본군 병참이 있는 함창의 태봉台封(상주 함창읍 태봉리)을 공격하려고 했다. 서상렬은 태봉을 치려 하니 조령의 일본군이 구하지 못하도록 견제해달라고 요청하였다.

동창에서 전투 준비에 분주하던 이강년은 곧바로 작전에 나섰다. 이강년이 중군 윤기영과 함께 하늘재(충주 수안보면 미륵리에서 문경읍 관음리로 넘는 고개)를 넘어 평천坪川(문경읍 평천리)으로 진군하였다.

그러나 이강년은 서상렬이 태봉을 공격하던 시기에 맞춰 조령을 공격하지는 못했다. 적성赤城(문경 동로면 적성리)에 주둔하던 예천의진의 부장副將 장문근張文根과 힘을 합쳐 작전하고자 하였으나 협조를 받지 못했고, 독자적으로 조령 관문에 있는 일본군 무기고를 습격한 것은 4월 3일(2월 21일)이었다. 출발한 지 여드레째 되던 날이었고, 서상렬이 태봉을 치다가 실패한 지 닷새째 되던 날이었다. 무기를 많이 노획하기는 했지만, 동원촌東院村(문경읍 상촌리 동화원)에 주둔하다가 일본군의 반격에 쫓겨 중군까지 위험에 빠질 만큼 고전했다. 노획했던 무기는 다시 빼앗겼고, 결국 황장黃腸(문경읍 관음리의 황정모리 마을)까지 쫓겼다. 전사자도 나왔다.

그 뒤로 이강년은 주로 평천에 머물면서 안보에서 들어오는 일본군의 움직임을 견제했다. 부대를 나누어 영산골靈山谷(문경읍 팔영리 영산마을), 구룡소九龍沼(문경읍 중평리 구룡섶들) 등을 지키다가 영산골에 들어온 일본군을 당포唐浦(문경읍 당포리)까지 추적한 일도 있었다.

이 무렵 전군장 홍대석에게서 안보의 적을 칠 터이니 조령을 막아달라는 요청이 왔다. 이강년은 조령으로 진군하였으나 정작 홍대석은

호좌소모토적대장 서상렬(1854~1896)

경병이 충주 쪽에서 들어오려 하니 서창을 비울 수 없다면서 출동하지 않았다. 이강년은 대장진에 보고하여 강력히 항의했다. 유인석의 독촉을 받은 전군이 출동했지만, 서창에서 안보로 가는 길에 장고개(충주 살미면 설운리 점말에서 수안보면 수회리로 넘어가는 고개)에서 일본군의 매복에 걸려 많은 희생

자를 내고 말았다.

결국 평천을 근거로 조령을 노리던 이강년은 성공하지 못하였다. 그러나 적을 두려워하지 않고 과감하게 전장으로 나서는 그의 모습은 여러 장수 가운데 모범이 될 만하였다. 대장진에서도 후군장이던 신지수申芝秀와 더불어 가장 믿을 만한 장수라고 평가했다.

얼마 뒤, 제천의 대장진에서 보낸 안홍원安鴻遠이 평천에 머물던 이강년을 찾아왔다. 더는 영남에 기대를 걸지 말고 동창에 들어와 방어하라는 것이 핵심 지휘부의 뜻이었다. 이강년은 곧바로 동창으로 부대를 옮겼다. 이때 홍대석과 불화하여 논란이 있었다. 홍대석은 장고개에서 병사들을 잃은 것이 유격장 때문이라면서 원망했고, 이강년은 번번이 작전 약속을 어기는 홍대석을 공박했다.

4월 중순이 되면서 경병이 다가온다는 정보가 이어졌다. 경병은 국왕의 명령이라면서 의병 해산을 요구하였다. 단발령 직후에 불꽃처럼 타올랐던 의병의 열기도 많이 식었고, 의병장 가운데는 해산령을 따르는 경우도 많았다. 호좌의진 지도부는 의병을 해산하라는 것은 국왕의 참다운 뜻이 아니고, 임금과 왕비의 원수를 갚지 못하였으며, 옛 제도를 회복하지 못하였다면서 해산을 거부하는 참이었다.

경병의 출동은 해산을 거부하던 호좌의진에게 큰 위기였다. 경병이 들어오는 중요한 길목인 서창을 방어하던 홍대석은 날마다 병력을 증원해달라고 청했다. 그리고 4월 20일(3월 8일), 끝내 대장진에서 이강년을 또 불러들였다. 동창에서 들어와 서창을 방어하는 데 힘을 보태라는 것이었다. 이강년의 유격진이 동창에서 철수하자 곧바로 일본군이 들어와 마을을 불태웠다.

이강년은 홍대석과 함께 청풍의 북창北倉(제천 청풍면 북진리. 충주댐 건설로 거의 수몰됨)과 방흥芳興(청풍면 방흥리. 거의 수몰됨)을 방어하게 되었다. 장기렴張基濂이 이끄는 경병이 황석黃石(청풍면 황석리)까지 들어왔기에 서창의 방어선에서 한 걸음 더 물러선 것이었다. 지휘부에서는 사이가 원만하지 않은 두 장수를 같은 방어선에 두는 것 때문에 고민했다. 그리고 이강년을 경병이 장악한 충주 쪽으로 파견했다. 이강년은 며칠 동안 충주 경내까지 들어가 경병의 상황을 살피고 의병의 정당성을 주장하는 선전 활동까지 하고 돌아왔다.

이때 가흥의 일본군과 경병이 남한강의 물길을 막아 곡식과 소금이 들어오지 못하도록 했기 때문에 민심이 불안했다. 이강년은 방어만 하지 말고 나아가 적을 치자고 여러 차례 건의했으나 뜻을 이루지 못했다. 경병이 다가오면서 지휘부 안

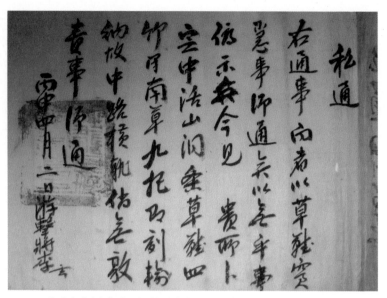

유격장 이강년이 전군장 정운경에게 보낸 '사통'

에서도 불안한 분위기가 돌았다. 사퇴를 원하는 장수들도 있었다. 홍대석도 전군장을 사퇴하여 정운경鄭雲慶이 그 자리를 대신했다.

5월 중순에 접어들면서 새로 전군장이 된 정운경과 홍대석 등이 원주 방어선으로 옮겨갔다. 며칠 뒤인 5월 23일(4월 11일), 이강년은 원규상元奎常 대신 우군장이 되었다. 호좌의진의 핵심 전투부대를 책임지는 자리에 오른 것이었다.

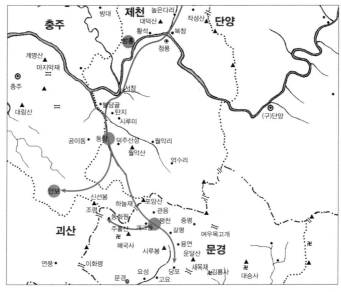

유격장 시절의 행군로(청풍 소재지부터 문경 소재지까지)

　그러나 청풍 경계선까지 들어와서 한 달 동안 의병 해산
을 줄기차게 요구하던 경병이 빠르게 움직이기 시작했다.
이틀 뒤, 경병의 우회 공격에 방어망은 뚫렸고 비가 내리는
가운데 제천은 경병의 손에 들어가고 말았다. 의병들이 사
용하는 화승총은 비 오는 날 무용지물이었다. 몇 달 동안 공
들여 건설한 호좌의진의 해방구는 급속히 무너졌다. 그 뒤
호좌의진은 재기의 터전을 마련하고자 서북 지역으로 행군

하다가 석 달 뒤인 8월 28일(7월 20일)에 끝내 압록강을 넘었다. 이때 이강년은 유인석이 이끄는 서행西行에 참여하지 못하고 뒤에 처졌다. 그리고 남은 소수의 병력을 이끌고 청풍의 능강綾江(제천 수산면 능강리) 골짜기에 은거하였으나 군량이 이어지지 못하여 결국 해산하고 말았다.

제3장

군대 해산 이후의 의병 활동

화서학파 선비의 길

호좌의진의 지도자인 유인석이 북상할 때 이강년은 뒤에 남았다. 군사를 해산시킨 이강년은 이듬해 음력 5월에 김상태와 함께 요동으로 유인석을 찾아 몇 달 머물면서 화서학華西學의 핵심 이론을 두루 배웠다. 그리고 '을미·병신년의 의병이 아니어서 의암毅庵(유인석) 문하에 들어가는 인연이 없었다면 내가 어떤 물건이 되었을까?'라고 회고할 만큼 화서학의 의리에 깊이 공감했다.

귀국 뒤에는 단양의 금채동今采洞(적성면 상원곡리)으로 은거했다가 의병 동지였던 김상태의 고향이기도 한 영춘의 남천南泉에서 훈장 생활을 했다. 급한 일이 있을 때면 백련사白蓮寺(제천 봉양읍 명암리의 감악산에 있는 절)로 몸을 숨기기도 했다. 그리고 제천의 진주강씨 집안에서 만든 강당인 '박약재博約齋'

동지들과 만나던 곳, 박약재(제천 두학동)

에 자주 드나들면서 사군 지역의 인사들과 사귀며 교유 관계를 넓혔다. 1899년 뒤로는 이항로의 문집인 《화서집華西集》을 편찬하고 보급하는 일에 한몫했다.

　이 시기는 이강년에게 '와신상담臥薪嘗膽'의 시기였다. 이정규李正奎가 전하는 바에 따르면, 궁벽한 산골에 들어가 땔나무하고 백 리 길에 양식을 지고 다니며 온갖 고초를 겪으면서도 원수 갚을 뜻을 잊지 않았다고 한다. 그는 '목숨 바치는 일을 내가 잊을 수 없다. 일이 있는 날 기운이 쇠하면 안 된다'고 하면서 8년 동안 안방 출입을 하지 않을 만큼 자신에게 엄격했다.

이강년이 사군 지역에서 활동함에 따라, 그의 인적 바탕에도 변화가 일어났다. 사군 지역 동지들과 나눈 교류가 영남지역에서 이루어졌던 것보다 오히려 잦았던 듯하기 때문이다. 그뿐만 아니라 이강년이 새로 받아들인 역사 인식은 영남에까지 일정한 영향을 미친 것으로 보인다. 뒷날 이강년이 돌아가고 영전에 바쳐진 몇몇 영남 선비들의 제문에 '영력永曆'이란 명나라 마지막 황제의 연호가 나타나는 것이 이를 증명한다. 영력은 유인석의 스승인 유중교가 강조한 뒤로 화서학파 안에서 주로 사용하였기 때문이다. 이강년이 지은 〈복주설福州說〉에서 보듯이, 안동을 비롯한 영남 지역에서 의병론자들이 점차 계몽 운동 쪽으로 전환하였던 것도 이강년이 사군 지역의 인적 관계에 더욱 치중하게 한 배경이 되었을 것이다.

1901년 봄에 고향 문경으로 돌아간 뒤, 그는 스승의 소식을 듣지 못하여 안타까워했다. 이듬해 봄 상경한 이강년은 이정규 등이 《소의신편昭義新編》을 출간하고자 서울에 머무른다는 사실을 알았다. 그는 비도匪徒로 낙인찍힌 것을 바로잡으려는 것이라지만, 일제의 침탈이 날로 심해지는 상황에서 어느 겨를에 책을 편찬하느냐며 반대 입장을 표했다. 강약이 비록 현저하게 다르나 의병을 다시 일으킨다면 의리를 잃지 않을 수 있으며, 그것이 옳은 길이라고 그는 믿었다.

그리고 그해 말, 이강년은 모친상을 당하였다. 한동안 이강년에 관한 기록이 드러나지 않는 것은 그 때문이다. 그는 바깥 출입을 않고 향리에 머물면서 자식으로서 도리를 다했다.

의병을 다시 일으키다

러일전쟁 뒤에 일본은 본격적으로 조선의 이권을 침탈하였다. 일진회一進會는 일제의 앞잡이가 되어 날뛰었다. 사군 지역에서도 의병의 열기가 다시 뜨거워지기 시작했다. 1905년 여름에 원용팔元容八과 정운경이 봉기하였을 때 이강년은 병으로 참여하지 못하였다. 그러나 원용팔과 뜻을 같이했던 의병론자들은 이강년을 중심으로 다시 의병을 모색하기 시작했다. 1906년 음력 8월 초에 제천의 강수빈姜秀斌·김홍경金鴻敬 등이 이강년에게 보낸 편지글이 이러한 사실을 뒷받침한다.

강수빈 등은 전해에 정운경鄭雲慶과 함께 의병을 일으킨 적이 있었던 젊은 선비들이다. 그들은 박약재에서 인연을 맺었던 이강년에게 의병을 일으킬 수 있는 상황인지를 의논하고자 했다. 당시의 상황을 '세상의 화가 갈수록 심해져서 조선 사람

강수빈·김홍경의 편지

이 모두 파멸하는 재앙이 눈앞에 닥쳤다'고 보고, '사는 것보다 더 절실히 해야 하는 일이 있다'는 맹자의 말을 언급하면서 지금의 형세와 시기가 의병을 일으킬 만한지를 논의하자고 청했다. 그들은 아마 전해에 봉기했다가 허망하게 무너지고 말았던 원용팔과 정운경의 좌절을 기억했을 것이다. 이처럼 이강년은 을미년 당시의 동지들만이 아니라 제천에서 새로 인연을 맺은 이들과 의논하면서 계획을 구체화하기 시작했다.

이강년의 봉기는 1907년 봄에 구체화하였다. 박약재에 자주 드나들면서 의병에 대하여 계속 논의했다. 그러나 의병을 일으키자면서 큰소리치던 이들도 정작 앞에 나서기를 꺼리고 의병을 한번 일으키면 그만두기도 어렵다면서 주저하는 이들도 많았다. 결국 이강년이 다시 앞장설 수밖에 없었다.

의병을 일으키려면 포군과 무기가 필요했다. 지평에 가면 포군을 구할 수 있고, 충주 서쪽에 가면 무기를 얻을 수 있을 것이라는 말을 듣고 먼저 지평으로 달려갔다.

지평은 일찍이 을미의병 당시 호좌의진의 모체가 된 김백선金伯善의 포군 부대가 처음 일어난 곳이었고, 을미의병 때 전사한 호좌의진의 중군장 안승우가 살던 곳이었다. 이강년은 지평의 석곡리에 있는 안승우의 아들 안기영安基榮 집에서 여러 날 머물면서 애썼으나 별다른 성과가 없었다.

이강년은 관동 지역으로 이동하여 동지들을 모았다. 그는 을미의병 당시의 옛 동료 안성해安成海와 함께 청풍 출신 포군 6명을 데리고 원주·횡성·강릉 등을 거치면서 뜻을 같이할 동지들을 구했다. 이때 봉복사鳳腹寺(횡성 청일면 신대리 봉복산에 있는 절)에서 며칠 동안 머물다가 백남규白南奎를 만났다. 그는 안동분견대 부위副尉 출신으로, 신식 군사교육을 받은 유능한 군인이었는데 이강년의 의거에 합류했다. 이강년은 계속 동지

백남규의 봉기를 알리는 신문 기사
(《대한매일신보》 1907년 9월 29일)

백남규(1884~1970)

들을 규합하다가 거의 한 달 만에 제천으로 돌아왔다.

동지들을 모으는 과정에서 이강년은 유인석에게 지도를 받고자 하였다. 귀국하여 서북 지방에서 강학하다가 춘천의 가정柯亭에 머물던 유인석은 이강년에게 신중할 것을 충고하였다. 당시 유인석은 나라 안에서 의병을 일으키는 것이 현실적으로 어렵다고 판단했고, 나라 밖에 의병 기지를 건설하는 쪽으로 마음이 기울고 있었다. 그러나 이강년은 나라 안에서 투쟁하는 길을 걷기로 하였다.

일제는 이강년의 움직임을 포착하였다. 그가 포군들을 이끌고 갑산甲山(단양 어상천면 연곡리 갑산 마을)과 임현任縣(단양 어상천면 임현리)을 거쳐 용소동龍沼洞(단양 가곡면 보발리의 용솟말)에 들렀을 때인 5월 27일(4월 16일) 밤, 이곳에서 그는 유력한 후원자 원도상元道常을 만나려 했다. 그러나 원도상을

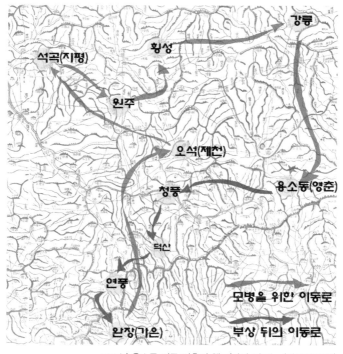

1907년 용소동 전투 전후의 행로(바탕 지도는 〈대동여지도〉)

만나기에 앞서 영춘의 순검 조준원趙浚元과 일본 헌병의 야
습을 받아 포군들은 흩어지고, 선봉장도 전사하였다. 이강
년 자신도 왼쪽 뺨과 팔뚝에 큰 부상을 입었다. 그 뒤로 몇
달 동안 치료하면서 영춘·청풍·덕산·연풍 등지를 전전하며
잠행하였고, 문경 완장리의 사종형 이강인李康寅의 집에서

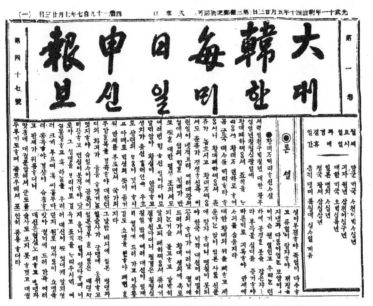

고종의 퇴위를 알리는 신문 기사(《대한매일신보》 1907년 7월 20일)

치료하였다. 이강년은 아침마다 흉터가 남은 자신의 얼굴을 거울에 비춰보면서 와신상담의 뜻을 굳혔고 동지들과 연락하는 것을 쉬지 않았다.

일제가 침탈을 가속화하면서 신식 바람이 밀려왔다. 문경 읍내에서 개화를 주장하는 연설회가 이어졌다. 마을 장로 여럿이 모인 자리에서도 개화에 관한 이야기가 화제에 올랐다. 참석자 한 사람이 이강년에게 뜻한 바를 문경학교 연설장에 가서 말해보라고 하자 이강년은 '사대부로서 짐승 같은 무리와 자리를 함께하란 말인가' 하면서 격노했다. 그만큼 이강년은 단호한 수구론자였다.

고종이 강제로 퇴위당했다는 소식을 들은 것은 일이 있은 지 나흘 뒤인 7월 23일(6월 14일)이었다. '세상이 캄캄해지고 해와 달이 빛을 잃고 형혹성熒惑星이 남두성南斗星을 범하여 그 붉기가 피와 같았다'고 하여 인심이 뒤숭숭하였다. 이강년은 통곡하면서, 왕조를 지키다가 죽은 송나라 신하 이약수李若水와 같은 사람이 되겠다고 하늘을 우러러 맹세했다.

군대 해산이 강행되자 시위대侍衛隊가 해산에 반대하여 봉기했다. 시위대 대대장 박승환朴昇煥의 자결이 신호탄이 되었다. 지방에 주둔하던 진위대鎭衛隊도 무기 반납을 거부하고 나섰다. 강화진위대·원주진위대 등이 대표적이다.

이강년은 원주진위대가 해산에 반발하여 봉기하였다는 소식을 들었다. 이소응李昭應이 윤창호尹昌鎬를 시켜 알려온 것이다. 진위대는 얼마 전까지 의병 탄압에 동원되었던 관군인데, 그들이 봉기한 것이다. 그는 죽문리 본댁으로 가서 신주神主를 임시로 묻고 조상들께 축문으로 고한 뒤 완장리에 이르렀다. 마을 어귀까지 집안사람들이 나와서 작별하였다.

이강년은 종사들을 데리고 제천으로 달렸다. 오석烏石(제천 두학동의 검은돌 마을. 박약재가 있는 곳)에 이르러 윤기영이 무기를 얻었다는 소식을 들었다. 밤에 원주로 달려갔다. 무기를 확보하고 유병선劉秉先 등과 함께 봉기한 윤기영을 만났다. 해산 군인들에게 무기를 얻어 수많은 의진이 일어났다. 무기를 확보하는 데 힘쓰는 한편 군사를 모집하니 며칠 안에 응모자 수가 수백 명이었다고 한다. 확보한 무기를 배향산拜向山(원주의 신림면과 영월의 수주면. 횡성의 단흥면 사이에 있는 산)의 은밀한 곳에 감추었다. 의진을 해산시키고자 일본군이 출동하여 원주로 다가오자 의진들은 제천 또는 횡성으로 옮겨갔다.

이강년은 병사 수백 명과 함께 제천으로 내려왔다. 신목정薪木亭(원주 신림면 신목정)에서 군례를 받고, 남쪽의 신림神林에서 군대를 먹였다. 제천에 들어온 8월 13일(7월 5일) 무렵에 봉기의 명분을 알리는 〈통고문〉을 포고했다.

아, 슬프도다. 오늘날 나라의 변고를 어찌 차마 말하리오. 흉악한 칼날로 임금을 협박하여 그 지위를 폐하고, 수레에 태워 달아나 일본으로 납치하려는 음모를 꾸미고, 궁궐의 문을 닫아 걸어 안부를 통하지 못하게 하니 (……) 지나간 먼 세월에 어찌 혹시라도 이런 일이 있었으며, 먼 뒷날에 어찌 다시 이런 일이

LES TROUBLES DE CORÉE
La garde japonaise aux prises avec les émeutiers à Séoul

군대 해산과 시위대의 봉기
일본군과 시가전을 벌이는 대한제국의 군인들(프랑스 《일뤼스라시옹》지)

있을 것인가.

아, 슬프도다. 국가가 갑오년 이후로 문득 왜적에게 협박당하여 여러 차례 욕을 당하였으나 큰 원한을 씻지 못하더니, 오늘의 변고에 이르렀다. 신하로서는 차마 들을 수 없고 감히 말할 수 없는 지경에 이르렀다. 변고의 망극함이 이보다 더할 수 없다. 무릇 혈기 있는 무리라면 누가 피눈물을 흘리고 울음을 삼키면서 이 도적과 함께 살지 않겠다고 맹세하지 않으랴!

이강년은 〈통고문〉에서 봉기의 명분을 구체적으로 드러냈다. 고종이 강압에 못 이겨 퇴위당한 일, 고종을 일본으로 납치하려고 한다는 소문, 대궐 출입을 제한하여 국왕이 사실상 포로가 된 것 등을 동기로 내세웠다. 이로써 이강년이 의병을 일으킨 직접적 동기가 국왕으로 상징되는 국체 보호에 있다는 것을 알 수 있다. 그는 '원수 갚는 의리를 잊으면 짐승이 되는 것'으로 여겼다. 전형적인 유생 의병장이 유생의 언어로 의병 봉기의 명분을 천명한 것이었다.

이강년이 제천으로 들어온 것과 거의 때를 같이하여, 민긍호閔肯鎬와 조동교趙東敎·오경묵吳敬黙·정대무丁大武 등 여러 의병장이 병력을 이끌고 제천에 들어왔다. 민긍호는 원주진위대의 봉기를 주도한 해산 군인 출신이었고, 조동교는 청풍 출신 의병장이었고, 오경묵은 횡성에서 포군을 이끌던 이로써 순교巡校로 활동하던 인물이며, 정대무는 원주 출신 의병장이었다. 그 밖에도 여러 의진이 있었던 것으로 보인다.

지역 배경을 달리하는 이들 여러 의진이 왜 제천으로 들어왔는지는 잘 알 수 없다. 일단 서울에서 원주 쪽으로 달려온 일본군의 공세를 피하려는 것이었겠지만, 군대 해산을 전후하여 제천·청풍 지역에서 상당한 규모의 의병이 모이고 있던 것이 중요한 배경으로 작용하였을 것이

민긍호 동상(원주)

다. 더욱이 청풍에서는 의병 30명이 경무분파소를 공격하고, 장차 사군 지역을 공격하여 일본인의 씨를 말리겠다고 공언하며 제천으로 진출하는 등 봉기 분위기가 무르익었다. 게다가 제천은 을미의병 뒤부터 의병의 거점이 되기도 했던 곳이었다. 이강년의 격문은 이 지역 의병론자들에게 다시 의병이 일어났음을 알리는 신호탄 노릇을 하였다.

군대 해산 뒤에 봉기한 의병들(사진 매켄지)

그러나 의진 사이에 합의된 지휘 체계는 없었으며, 이강년 부대조차도 정연한 지휘 체계를 갖추지 못하였다. 이강년이 직접 인솔한 병력, 을미의병 때 이강년과 함께하였던 옛 동료와 부하들, 민긍호를 비롯하여 기타 새로운 인물들이 인솔한 부대 사이의 엉성한 결합에 지나지 않았다.

실제로 이 무렵 이강년은 의병대장이 아니라 '군사軍師'였다. 중군장은 안성해, 후군장은 이한응李漢應이 맡았다는데, 정작 대장이 누군지는 확실하지 않다. 아마 이강년보다 먼저 원주로 달려가서 무기를 얻고 평창으로 달려가 우편취급소를 공격하여 일본인을 죽이며 기세를 올린 윤기영이었을 것이다. 윤기영을 도와 의병 모집에 중요한 노릇을 한 것으로 보이는 도영장都領長 유병선은 노골적으로 이강년을 지휘 선에서 배제하려고 했다.

어쨌든 짧은 시간 안에 의진 '수십 개'가 한 지역에 모여들어 연대 투쟁을 꾀한 것은 놀라운 일이 아닐 수 없다. 그만큼 일제 침략에 대한 저항이 안으로 준비되었던 것을 알 수 있다. 불만이 고조된 몰락 농민들, 숨어 있던 동학 농민군의 잔존 세력, '화적火賊', 또는 '비적匪賊'으로 일컬어지며 비합법적 투쟁을 벌이던 이들이 의병 봉기 세력과 결합한 것이다.

제천 전투와 이강년 부대의 출범

여러 의진이 모여들면서 제천은 다시 의병 천지가 되었다. 청풍 쪽도 마찬가지였다. '제천 백성이 모두 의병에 몸담아 북쪽 및 동서의 고지에 보루를 설치했다'고 하며, 청풍에는 제천 쪽에서 달려온 의병들이 합세하여 각 마을 주민이 날마다 와서 합류하며 군수물자를 지원하는 형편이었다. 제천 쪽에서 내려와 청풍을 가로지르는 남한강 뱃길을 단속하고 고지마다 촘촘히 파수를 설치하는 의병들도 있었다.

이강년이 제천에 들어온 지 이틀 뒤인 8월 15일(7월 7일), 일본군이 원주 쪽에서 내려와 팔송八松(제천 봉양읍 팔송리)을 거쳐 다가온다는 소식이 들어왔다. 청풍 쪽에서 일본군이 들어온다는 정보가 있었다. 그때 들어온 병력은 원주에 출동하였던 시모바야시〔下林〕 소좌가 파견한 스에야스〔末安〕 중위가 이끄는 1개 소대였다. 봉기한 원주진위대를 뒤쫓아온 것이었다. 전투가 임박하였음을 짐작한 주민들은 산골로 피난을 가버렸기 때문에 제천 고을은 텅 빈 듯했다.

제천에 모여들었던 이강년·윤기영·민긍호·오경묵·정대무 등의 여러 의진은 힘을 모아 일본군에 맞섰다. 정연한 지휘 체계를 갖추지 못하였지만, 윤기영은 천남 뒷산에 복병하고 오경묵과 정대무는 서울고개(제천 동현동. 제천에서 영월 쪽으로 이어지는 길목)를 지켰다. 민긍호도 산고개나 구릉에 복병하여 일본군을 맞았다. 민병까지 동원하여 산발적인 전투로 맞섰지만 의병은 끝내 일본군에게 읍내의 고지를 빼앗기고 말았다. 이강년도 병력을 이끌고 영월로 넘어가는 조리재(제천 흑석동에서 영월 남면 토교리로 이어지는 고개)까지 물러섰다.

그러나 그것으로 끝이 아니었다. 의병을 물리쳤다고 판단한 일본군이 청풍으로 나가는 길목에서 숙영宿營에 들어가자 이강년은 병력을 되돌렸다. 제천의 관아가 있는 동산을 끼고 일본군을 공격했다. 민긍호 부대도 용감하게 나아갔다.

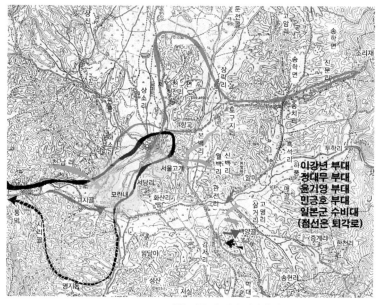

제천 전투 때 여러 의진과 일본군의 움직임

그 사이에 날이 저물고 전투는 네 시간이나 이어졌다. 모란
내(제천 영천동. 이곳을 흐르는 개울 이름이기도 함) 쪽의 저지대로
몰린 일본군은 결국 많은 사상자를 남기고 퇴각하기 시작했
다. 처음에는 청풍 쪽으로 물러서려고 하였으나, 청풍 쪽에
도 의병들이 크게 들고 일어나 일진회장을 살해하는 등 분위
기가 심상치 않음을 알고 산속에 숨었다가 새벽에 박달재(봉
양읍 원박리에서 백운면으로 넘어가는 고개) 쪽을 거쳐 충주로 퇴

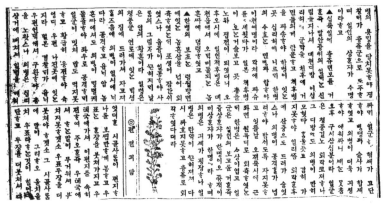

제천 전투에 대한 신문 기사(《대한매일신보》 1907년 8월 18일)

각했다. 칠석날 밤의 일이었다.

이 제천 전투에서 의병대는 일본군 5명을 사살하고, 13명을 부상 입히는 전과를 올렸다. 흔히 '천남 전투'로 알려진 이 전투는 해산 군인과 포군 출신 의병들이 연합하여 올린 최초의 주목할 만한 성과였다. 이 전투에서 의병들이 새로 확보한 신식 무기가 위력을 떨쳤으며, 민긍호가 이끌었던 '병정兵丁' 출신 의병들이 가장 크게 활약하였다고 한다. 청일전쟁과 러일전쟁을 거치면서 단련된 일본군을 상대로 의병들이 거둔 승리는 뒤에 터무니없이 부풀려지기도 할 만큼 인상적이었다. 《대한매일신보》 등 여러 언론은 제천에서 벌어진 이 전투를 앞다투어 보도했다.

의병들의 놀라운 성과에 충격을 받은 일제는 신속하게 대응에 나섰다. 일본군 조선 주둔 사령관 하세가와〔長谷川〕는 스에야스 소대가 제천에서 쫓겨나자, 제천 지역을 대대적으로 탄압하려고 마음먹었다. 그리하여 서울에 주둔하는 보병 제51연대 제2대대장 아다치〔足達〕 중좌에게 제2대대와 제52연대 제2중대, 기관총 4정, 기병 제17연대의 1개 소대, 공병 제13대대의 1개 소대로 지대를 편성하여 청풍·제천·영월·평창 지역의 의병을 탄압하도록 하였다. 18일에는 아다치 지대가 서울에서 출발하여 제천을 향해 진군했다.

한편 제천 전투에서 승리한 의병장들은 제천의 의림지義林池에 있는 영호정映湖亭에 모여서 앞일을 의논했다. 갑자기 모여든 여러 의병진 사이에 통일된 지휘 체계를 세우는 일이 거론되었다. 을미의병 당시 호좌의진의 맹장인 이강년이 대장으로 거론되기도 하였으나, 이강년은 '인물과 지위를 두루 갖춘 사람'만이 대부대를 통솔할 수 있을 것으로 여겼다. 을미의병 당시에 제천의병 내부에서 지휘 계통이 제대로 서지 않아 고전하다가 유인석을 영입한 뒤에야 비로소 군기를 떨칠 수 있었던 기억을 떠올렸을 것이다. 이강년은 자신이 대장이 된다 해도 잠시밖에 못할 것으로 여겼다. 그는 전날에 의병을 함께하기로 약속했던 전 참판 김학수金鶴洙를 대장으로 삼

이강년이 등단한 영월의 주천 강가

고자 했다. 김장생金長生의 후손인 명문가 출신으로서 충주에
살면서 고위 관직을 역임한 김학수가 앞에 나선다면 군소 의
진을 통솔할 수 있을 것이라고 기대하였기 때문이다. 그러나
이강년이 기대했던 김학수는 끝내 의병에 합류하지 않았다.

논의가 정해지지 않은 채 연합의진은 일진회원 등 일제 앞
잡이들을 처단하고, 주천酒泉(영월 주천면 주천리)으로 진주하였
다. 이때 김상태가 사군 지역에서 병력을 모집해와 대장이 되
어줄 것을 강권하였다. 김상태는 을미의병 때부터 이강년과
함께했던 동지였다. 마침내 이강년은 주천 강가에 단을 쌓고
대장직에 올라 여러 장병들의 군례를 받았으니, 8월 19일(7월

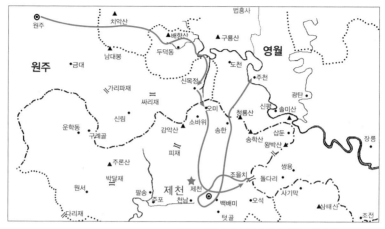

행군로(봉기부터 등단하던 8월 19일까지)

11일)의 일이었다. 이강년이 대장이 된 것은 그가 을미의병의 맹장이라는 것 말고도, 무과 출신의 전문적인 군인이었고, 이 지역 척사론자들의 정신적 지주이던 유인석의 제자이며 그의 문인들과 밀접한 관련이 있었던 점, 격문으로 투쟁 목표와 당위성을 천명한 점 등이 두루 감안되었을 것이다.

　그러나 이강년이 등단했다 하여 여러 의진을 두루 통제할 수 있는 지위를 확보한 것은 아니었던 듯하다. 오히려 의병장 사이에 불거진 불협화음이 만만치 않았다. 뒷날 고종의 밀지密旨를 받아 도체찰사都體察使에 임명되고 팔도 의병을 총괄하는 도창의대장都倡義大將이 되었다는 신화가 만들어졌지만, 정작 그는 '호좌의병장湖左義兵將'을 자처했다. 이는 유인석을 대장으로 추대하고 싸웠던 호좌의진을 계승하였다는 의미였다. 중군에 김상태, 전군장에 윤기영, 좌군장에 이용로李容魯, 감군監軍에 이세영李世榮 등이 임명되었으며, 뒤에 백남규·하한서河漢瑞·이중봉李重鳳·이만원李萬源 등도 주요 지휘관으로 임명되었다. 대개 을미의병 당시 호좌의진에서 함께했던 이들이었고, 출신 지역도 사군 지역을 비롯한 '호좌湖左', 곧 충청도 동쪽 고을 출신으로 보인다. 당시에 이강년이 이끌었던 병력에서 가장 큰 비중을 차지한 것은 김상태가 소모召募해온 병력으로 짐작된다. 해산 군인을 이끌었던 민긍호 등은 연대하는 수준이었을 것이다. 이로 미루어보면 이강년 부대는 을미의병기 호좌의진의 재기였다.

충주성을 향한 진공과 폐허가 된 제천

이강년은 여러 의진을 통괄하는 지휘권을 확보하지는 못했다. 그러나 그 뒤에 여러 의진은 상황에 따라 연대하고 연합 전투를 치르기도 했다. 먼저 이강년은 민긍호 부대, 조동교의 청풍의진과 함께 충주성을 공략하기로 약속하였다. 충주는 일본군 병참이 늘어선 곳이었고, 충주성을 장악하는 것이 얼마나 중요한지는 10여 년 전에 이미 경험한 바였다. 이강년 부대는 청풍을 경유하여 충주성의 동문을 공격하고, 민긍호와 조동교의 부대는 박달재와 다리재를 넘어 충주의 서문과 북문을 공격하기로 하였다. 을미의병 당시 호좌의진이 사군 지역을 장악한 뒤 두 갈래로 부대를 나누어 충주성을 들이치던 것과 똑같은 계획이었다. 공격 일시는 8월 23일(7월 15일) 한낮으로 정하였다. 먼저 이강년은 창의를 알리는 격문을 발표하였다.

아, 슬프도다. 어찌 차마 다 말하랴. 역적 놈들이 나랏일을 제 마음대로 하더니, 가만히 왕위를 내놓게 하는 계획을 꾸몄습니다. 흉한 칼날이 임금을 협박하여 납치하는 모욕을 주려고까지 했습니다. 조약을 강제로 맺어 우리 국권을 빼앗고, 사면령赦免슈을 반포하여 우리 인민에게 재갈을 물렸습니다. 짐승 같은 자들이 백만 우리 백성을 잠식하니, 운명은 물이 새는 배를 탄 듯합니다. 한없는 욕심을 채우기 어려우매, 팔도의 산천은 형세가 추풍낙엽 같습니다. (……)
산림천택山林川澤을 제 것처럼 여기고 재부財賦와 백성을 제 물건 보듯 하며, 머리털을 깎고 복색을 바꾸게 하니 사람과 짐승을 구별할 나위가 없습니다. 국모를 시해하고 임금을 욕보인 갑오·을미년의 원수와 아직도 한 하늘을 머리 위에 이고 있습니다. 대저 해외로 백성을 옮기려는 흉계 같은 것은 점한黏罕철목鐵木(중국을 괴롭히던 여진족 장수 '점한'과 몽골 임금 '철목')도 하지 않았던 것입니다. (……)

슬프다. 죄 없는 우리 만백성이 마침내 모두 죽게 된 참변을 만났습니다. 천지의 이치가 순환하는데 누가 죄를 짓고 도망할 수 있을 것이며, 인정이 분노하니 극도로 구부러지면 반드시 펴질 것을 알겠습니다. 소매를 걷고 깃대를 드니 한 부대의 군사로 옛 땅을 회복할 것을 기대할 수 있으며, 치마를 찢어 발을 감고 나서니 장차 약한 힘으로 강한 적을 물리칠 날을 볼 수 있을 것입니다. (……)

무릇 모집에 응한 우리 충의의 군사들 가운데 누가 비분강개悲憤慷慨하고 나라에 보답할 마음이 없겠습니까. 고래와 새우를 합하여 함께 수용하니 계책이 빠짐이 없고 의리를 위하여 죽음을 택하였으니 사사로운 생각을 모두 버렸습니다. 산천초목도 적개심을 머금은 듯한데, 천지신명天地神明인들 어찌 순리를 돕지 않으리오. 어찌 일시의 무공武功 뿐이겠습니까. 실로 만고의 화맥華脈을 붙드는 것입니다. 마땅히 제각기 노력하여 후회하는 일이 없도록 하십시오.

충주 공격을 앞두고 내건 이 격문은 안팎으로 지휘권에 대한 논란을 잠재우고 여론 주도층에게 호좌의진 대장으로 인정받는 길이기도 했다. 뒤이어 〈국수원류國讐源流〉를 지어 임진왜란 때 왜군이 왕릉을 파헤친 죄에서부터 시작하여 병자년(1876)에 부국강병의 길이라고 꾀어 통상을 시작하면서 조선이 감당할 수 없는 국채國債를 지게 되고, 경제에 관심이 쏠리면서 명분이 흐트러져 임오년(1882)의 군변軍變(임오군란)까지 일어나게 된 것, 갑신년(1884)에 일본과 결탁한 정변이 일어나 임금이 욕을 보게 된 것, 갑오년(1894)에 일본군이 대궐을 침범하고 옛 제도를 파괴한 것, 을미년(1895) 여름에 국모를 시해하고 그해 말에 단발령을 내린 것, 갑진년(1904)에 변고를 일으켜 고문정치顧問政治를 실시하고 산림천택을 침탈하며 국왕에게 '한반도 주인[韓半島主]'이라는 치욕적인 칭호를 쓴 것, 일진회 등의 역적 무리를 꾀어 조선을 속국으로 몰아넣은 것, 정미년(1907) 여름에 임금을 몰아내고 군대를 해산하여 살아남을 여지를 두지 않은 것 등을 차례로 나열하고 일본은 공존할 수 없는 원수의 나라임을 명심해야 한다고 거듭 강조했다. 또한 〈군계軍戒〉를 지어 장수의 도리와 지휘하는 방법을 밝혔다.

8월 21일(7월 13일), 비가 내리는 가운데 이강년 부대가 백배미百畝(제천 동현동)를 출발하며 행군이 시작되었다. 관전館前(제천 신백동 남쪽 들녘의 옛 이름. 관앞)을 거쳐 텃골基谷(제천 금성면 동막리 기곡)에서 하룻밤을 묵고, 이튿날은 청풍을 거쳐 일본 순사대를 격퇴하고, 서운瑞雲(충주 동량면 서운리. 당시에는 청풍에 속하였음)에 도착하여 전 장진부사 이문흠李文欽에게 환대받았다. 군사들에게 저녁밥을 대접한 이문흠은 을미의병 당시 민병을 모아 호좌의진의 충주성 공략을 지원하던 옛 동지였다. 황강黃江을 지나 문지동文池洞(충주 살미면 문화리 북쪽에 있던 마을. 수몰됨)에 이르니 주민들에게 환영받았으며, 마지막재(충주시 목별동 쪽에서 시내로 넘어가는 고개)에 이르니 한눈에 충주 고을이 내려다보였다.

그러나 약속했던 민긍호와 조동교 부대는 오지 않았다. 조동교 부대는 박달재에서 일본군에게 가로막혀 다른 곳으로 옮겨가 버렸고, 다리재(제천 백운면 원월리에서 충주 산척면 송강리로 이어지는 고개)를 넘어 고개부 아래 강령이까지 진출한 민긍호 부대조차도 일본군에게 차단당하여 합세할 수 없었기 때문이다. 8월 23일 오전, 이강년은 중군·전군·좌군을 동원하여 충주성 공격에 나섰다.

본래 충주성에는 일본군 수비대 병력으로 1개 소대가 주둔하고 있었다. 그러나 나흘 앞서 이미 일본군 사령관이 조

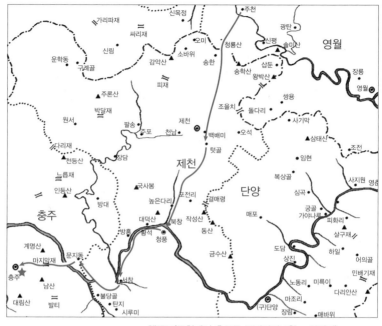

행군로(주천에서 충주를 공격하던 8월 23일까지)

치하여 아시자와(蘆澤) 대위가 이끄는 1개 소대 병력이 증원
된 상태였다. 4백여 명에 이르는 의병들이 충주성을 공격하
자 일본군 2개 소대는 성벽을 방패 삼아 완강하게 저항하였
다. 그뿐만 아니라 성 밖까지 나와서 역습해왔다. 끝내 의병
들은 동문 밖 어림 마을(충주 안림동 안심 서남쪽 마을)을 지나
마지막재 아래의 약막(안림동 약막) 쪽으로 물러설 수밖에 없

청풍과 충주를 오가던 의병들이 이용하던 공이동 동굴(충주 살미면 공이리)

았다. 일본군은 어림까지 추적하여 마을에 불을 지르면서 압박했다. 이는 주민들이 의병에 더 협조할 수 없도록 하는 조치였다.

끝내 충주성 공격은 실패로 돌아갔다. 전투에서 병력을 잃지는 않았으나, 도망병이 많았다. 의병들은 아직 조직되지 못했고 전투 경험도 보잘것없었기 때문에, 전황이 불리해지면 걷잡을 수 없이 무너지게 마련이었다. 우수한 무기로 무장한 일본 정규군과 벌인 두 번째 전투는 이강년 부대의 투쟁 방향에 큰 영향을 미쳤다. 이강년은 을미의병기에 주로 관군을 상대하던 것과 비교할 수 없는 상황임을 절감했다.

한편 이강년이 충주에서 작전을 벌이던 시기에 제천은 수난을 겪고 있었다. 제천 전투 뒤로 의병의 움직임을 주시하던 일제는 의병의 거점이라고 여긴 제천을 목표로 삼아 병력을 출동시켰다. 서울을 출발한 아다치 지대는 21일 밤에 충주에 도착했고, 이튿날 오후에 제천을 향해 출발하였다. 주력인 제51연대 제2대대 2개 중대는 아다치 지대장의 지휘 아래 청풍가도를 거쳐 제천으로 향하였고, 니시무라(西村)가 지휘하는 제52연대 제2중대는 노략질을 하면서 주포가도를 거쳐 제천으로 들어왔다. 두 방면으로 충주를 공략하려던 의진에 맞서는 조치였다. 일본군은 의병과 주민들을 분리하고자 마을을 불태우는 등 분탕질하면서 요란하게 동으로 나아갔다. 충주 쪽으로 향하던 민긍호나 조동교 부대가 뜻을 이루지 못한 것은 이렇게 출동한 일본군과 마주쳤기 때문이기도 했다. 그와 달리 이강년은 청풍 부근에서 아슬아슬하게 아다치 부대와 스쳐 지나갔던 것으로 보인다.

23일 제천에 도착한 아다치 지대는 제천에서 아무것도 발견할 수 없었다. 그들은 이곳이 의병들의 근거지이고, 주민들이 의병을 비호하는 경향이 있다는 이유로 민가를 모조리 불태워 제천읍을 초토화해버렸다. 얼마 뒤 제천을 방문한 영국 런던 《데일리 메일》지의 캐나다 출신 기자로 조선에 파견되었던 매켄지는, 불에 타버린 제천의 상황을 다음과 같이 전했다.

밝은 햇살 아래, 거리가 내려다보이는 언덕 위에서 펄럭이는 일장기가 선명하게 보였고, 일본군 보초의 총검 또한 빛났다. 나는 말에서 내려, 잿더미 위를 걸어서 거리로 들어갔다. 이렇게까지 완전히 파괴된 것을 이전에 본 일이 없었다. 한 달 전까지만 해도 번화가였는데, 지금은 시커먼 잿더미와 타다 남은 잔해만이 쌓여 있을 따름이었다. 완전한 벽 하나, 기둥 하나, 된장 항아리 하나 남아 있지 않았다. 제천은 지도 위에서 싹 지워져 버리고 말았다.

이로써 을미의병 뒤로 의병의 상징이기도 했던 제천은 철저히 파괴되었다. 아다치 지대는 제천·영월 지역을 수색하면서 촌락을 불태우는 만행을 저질렀다. 그러나 이강년·민긍호 부대 등 의병의 주력부대가 다른 지역으로 옮겨가 버렸기 때문에 일본군에게는 별다른 소득이 없었다. 오히려 일본에 대한 적개심만 더하게 하였을 따름이었다.

한편 충주성 공략에 실패한 이강년은 의진을 대략 수습하고 제천 쪽으로 행군하였다. 의병 동지들이 많은 사군 지역에 가서 부대를 정비할 필요를 느꼈기 때문이다. 이강년의 부대는 태장동台長洞(충주 살미면 쪽에 있었는데, 발티재 중간쯤에 있던 마을로서 수몰됨)을 지나 이주승李胄承이 사는 불당골(제천 한수 북노리에 있던 마을. 현재 수몰됨)에 이르러 묵었다. 이주승은 을미의병 당시 호좌의진의 대장 종사였던 이조승李肇承의 형으로서, 그 또한 적극적인 의병론자였다.

Photograph by]   [F. A. McKenzie.

IN THE WAKE OF THE JAPANESE ARMY : A BURNT-OUT TOWN OF KOREA.

아사봉에서 바라본 폐허가 된 제천(사진 매켄지)

행군으로 시작된 유격전

이강년 부대는 마지막재를 지나 제천으로 북상하지 않고
월악산 자락으로 걸음을 옮겼다. 철수하던 가운데 일본군이
제천을 초토화하였다는 소식을 들었을 것이다. 을미의병 때
처럼 어느 지역 하나를 장악하고 대부대를 결성하여 적과 맞
설 수 있는 가능성은 기대하기 어려웠다. 적은 훈련되고 무
자비한 일본 정규군이었다.

답은 유격전뿐이었다. 치고 빠지는 식의 유격전이야말로 군사 역량이 우월한 일본군에 대항할 수 있는 마지막 수단이었다. 따라서 이강년 부대가 월악산 자락으로 접어든 것은 새로운 투쟁의 시작이었다. 인물과 지위를 두루 갖춘 명망가를 대장으로 내세우면 승산이 있을 것이라는 이강년의 소박한 생각은 이제 접을 수밖에 없었다. 본격적으로 의병 전쟁이 시작되었다.

그 뒤 이강년 부대의 투쟁은 끊임없는 행군의 과정이었다. 8월 24일(7월 16일) 새벽에 불당골을 출발한 뒤 중치재(북로리에서 숫갈 쪽으로 넘는 고개)를 넘었고, 탄지·시루미(덕산면 수산리 증금 마을)·월악리月岳里·억수동億水洞(덕산면 월악리 억수리)을 거쳐 용하동用夏洞(억수동 동남쪽 마을. 용하수)에서 묵었다. 이튿날 다시 행군하여 불억고개(덕산면 월악리 억동에서부터 동남쪽으로 7킬로미터 지점)을 넘어 단양의 궁텃골(단양 단성 벌천리)에 도착하였다.

행군 과정에서 이강년은 충주성을 함께 치기로 약속했던 의진들과 연대하는 일에 관심을 쏟았다. 그러나 상선암上仙巖 (단양읍 가산리)에 도착하여 민긍호 부대가 이미 죽령을 넘어가 버렸다는 사실을 확인하고는 크게 실망했다. 그는 한때 의병을 진압하는 데 동원되었던 해산 군인 출신 의병이 과연 정

당한 의리를 알고 있는가에 대
하여 의구심을 품고 있던 터였
다. 그런데 민긍호 부대가 충
주성 전투에서 약속을 지키지
않은 데 이어 연대했던 동지들
에게 별다른 설명도 없이 남으
로 이동한 것이다. 그 뒤 이강
년이 해산 군인 출신의 의병대
와 연대하면서 여러 갈등을 겪

의병들이 자주 들르던 명봉사

은 것은 해산 군인에 대한 그의 선입견과 이러한 경험 때문이
기도 했을 것이다.

민긍호 부대가 영남으로 이동한 것처럼 이강년 부대도 남
으로 행군하기 시작했다. 상선암과 남면의 신구新邱(단양 대
강면 신구리. 새두둑)를 지나 풍기의 도촌道村(지금의 예천 상리면
도촌리)과 명봉사鳴鳳寺(예천 상리면 명봉리에 있는 절) 쪽으로 진
군했다. 명봉사의 승려들은 을미의병 당시에 서상렬을 지원
하던 이들로서 이강년의 의병 활동을 지지했다.

행군 과정에서 이강년이 의지했던 세력과 맞서고자 했던
세력이 분명히 드러난다. 행군하다가 만나서 도움을 얻었던
불당골 이주승이나 억수리의 이진원李進遠, 용하동의 양일환

유중교(1832~1893)   박세화(1834~1910)

梁一煥 등은 거의 예외 없이 성재省齋(유중교)·의당毅堂(박세화)
계열의 선비로서 사군 지역에서 의병 노선을 지지하던 이들
이었다. 제천의 장담에서 강학하며 유인석을 비롯한 의병론
자들을 길러냈던 유중교의 문인들은 여전히 의병 노선에 적
극적이었다. 제천·청풍에서 강학하며 장담의 선비들과 교유
하던 박세화도 마찬가지였다. 특히 박세화는 1905년 가을 의
병 봉기에 직접 나서기도 했던 인물이었다. 따라서 구식 지
식인이었던 이강년은 자연스레 이들의 지원을 받았다.

행군로(충주에서 적성까지)

이와 달리 이강년이 적대시했던 세력도 분명히 나타난다. 협잡을 일삼았다는 홍경시洪慶時나 원용팔을 곤경에 빠뜨렸다는 김교홍金敎弘, 의병을 배신하고 일본식 불교로 사람들을 끌어들이던 김기찬金基燦, 일진회 회원 김상호金商虎, 단양에 신식 학교를 세워 일본어를 가르치던 오철상吳哲相 등이 여기에 해당할 것이다. 당시 계몽 운동가들이 주도한 국채보상운동에 대하여도 이강년은 비판적이었다.

이강년은 의병에 우호적인 동지들을 방문하여 후원받는

한편, 반反의병세력을 처단하거나 재물을 징발하고 행군을
거듭하면서 은풍殷豊(예천군 하리면 은산리)까지 나아가 일본군
의 동태를 살폈다. 당시 니시오카(西岡)의 지휘 아래 출동했
던 일본군 제14연대 11중대는 영천 쪽으로 출동하여 민긍호
부대와 접전하던 아다치 지대를 지원하였다.

문경 지역의 전투

이강년 부대는 적성·평촌坪村(적성 남쪽의 평지 마을인 듯) 쪽으
로 군사를 돌이켰다. 이 지역은 문경·예천을 잇는 통로일 뿐
아니라 단양 쪽으로 접근하는 주요 길목이었다. 이강년은 김
상지金商摯를 파수장으로 삼아 적성 지역을 담당하도록 하였
고, 마을 집강執綱 김동태金東泰를 불러 포군과 병기를 징발하
였다. 처음에 집강이 명령을 잘 받들지 않았기에 소모장으로
임명하고 명령을 받들도록 했다. 아울러 명봉사의 승려들에게
화약을 바치도록 책임 지웠다.

그 뒤 진로를 바꾸어 배나무정이(문경 산북면 이곡리)를 지
나 한두리(문경 산북면 대하리) 마을로 들이닥쳤다. 그곳에서
황의민黃義民 등이 교회당에 신식 학교를 차려놓고 일본어

의병들이 오가던 적성(사진 황용건)

를 가르쳤기 때문이다. 이강년은 일진회 조직이 세운 학교를 용납할 수 없었다. 교회당에 불을 지르고 행장行裝과 의복 등을 징발하여 병사들에게 나눠주었다.

다시 북상하면서 이강년 부대는 조동교 부대와 만나 군사를 합쳤다. 일찍이 연합작전을 치르고자 연대했던 두 의진은 다시 손을 잡았다. 김룡사金龍寺(문경 산북면 김룡리)에서 부대를 정비한 이강년은 용연龍淵(문경읍 용연리)과 당포를 거쳐 전투 없이 9월 7일(7월 30일)에는 문경 읍내를 장악하였다. 그리고 문경을 방어하고자 여러 요해지를 지키도록 했다. 예컨대 고모성에는 후군장 신태원申泰元을 주둔시키고 좌익장

김영식金永軾과 참모 이정래李淨來는 이화령梨花嶺(문경읍 각서리 요광원에서 괴산 연풍면 주진리로 넘어가는 고개)을 지키게 하고, 천보락千普洛에게는 관음원觀音院(문경읍 관음리에 있던 역원)을 지켜 하늘재(충주 수안보면 미륵리에서 관음리로 이어지는 고개)를 막도록 하고, 신원新院(문경 마성면 신현리)으로 진군하여 수비에 들어갔다.

이 과정에서 이강년은 이규홍李圭洪·차성충車晟忠 등 영남의 지사들과 힘을 모으고자 했다. 아울러 조동교의 청풍의병과 김현규金賢圭의 여주의진을 만나 부대를 합하여 규모를 키웠다. 그러나 계통을 달리하는 여러 부대가 합쳐지면서 반발이 적지 않았다. 먼저 조동교 부대는 군기가 엄정하지 않아 민폐를 끼치는 일이 잦았다. 이강년의 든든한 후원 세력이기도 했던 김룡사의 승려들까지 다 흩어질 만큼 조동교의 침탈이 심했다. 여주의진과 합치는 과정에도 반발이 없지 않았다. 여주의진은 해산 군인들이 많았는데, 경병 출신과 주요 간부 들이 통합에 반발하여 소란을 피우기까지 하였다.

이강년 부대가 문경 쪽으로 이동하여 다른 의진과 연대를 추진할 무렵, 일본군이 대거 출동하였다. 당시 일본군은 의병들이 전선을 파괴하고 일진회원, 또는 우편소 등의 침략 기구를 공격하는 데 대하여 위협을 느꼈다. 문경에 거주하던 일본인들도 일본군 병참이 있는 함창으로 서둘러 피신하였다. 이러한 상황을 보고받은 일본군 사령관 하세가와는 영남과 충청도 지역의 관문이 되는 문경 지역의 전략적 중요성을 감안하여 남부수비관구 사령관(제12여단장)에게 명하여 문경 지역 의병을 탄압하도록 하고, 북부수비관구 관하의 아다치 지대를 시켜 이를 지원하도록 하였다. 이에 따라 남부수비관구 사령관은 보병 제14연대장 기쿠치〔菊池〕 대좌에게 토벌대를 5개 종대로 편성하여 의병대를 남에서부터 압박하였다.

이제 문경 지역에서 작전하던 이강년 부대는 앞뒤로 일본군의 압박을 받게 되었다. 아다치 지대가 단양으로 진군하여 의병들의 퇴로를 막는 가운데, 기쿠치 대좌가 인솔하는 제3종대 병력이 대구 쪽에서 문경으로 집결한 것이다. 이강년은 조동교·김현규 부대와 함께 털목고개(문경읍 상리에서 진안리로 넘어가는 고개)를 지키면서 일본군의 공격에 대비하며, 선봉대를 출동시켜 적을 공격하게 하였다.

이강년 부대가 털목고개에 자리 잡았던 9일 새벽, 안보 쪽으로 진출한 아다치 휘하 1개 소대가 조령의 의병대를 기습하였다. 처음에 이 지역을 지키기로 한 것은 조동교 부대였다. 그런데 일본군이 몰려오자 슬그머니 그 자리를 이인영李麟榮

부대에게 내맡기고 이동한 것이다. 결국 관문을 지키던 이인영의 원주 병력이 현장에서 거의 전멸하고 말았다. 이때 김현규와 조동교의 의진이 번갈아가며 말썽을 부려 이인영 부대가가지고 있던 신식 무기를 빼돌려 떠나버렸다. 조령을 장악한일본군은 부근 민가를 불태워 의병이 머물지 못하게 하였다.

합류했던 병력들이 이탈하자 이강년도 병력을 거두어 부대를 옮겼다. 혜국사惠國寺(문경읍 상초리에 있는 절)에 들러 병력을배불리 먹이고 남하하여 요성堯城(문경읍 요성리) 쪽으로 행군하다가 갈평葛坪(문경읍 갈평리)에 일본군이 나타났다는 보고를 들었다. 조동교·김현규 부대가 일본군에게 쫓긴다는 소식을 들은 이강년은 병력을 이끌고 갈평으로 달려갔다. 그리고 민가백여 호에 불을 지르고 승전 이후 휴식하던 일본군과 경찰을공격하기 시작했다.

용연까지 달려간 이강년은 부대를 넷으로 나누어 일본군40여 명을 포위하였다. 우선봉 백남규는 갈평 남산에, 좌선봉 하한서는 갈평 북산에, 우군선봉 권용일權用佾은 동산으로 오르게 하고, 총독장 이만원은 보수병報讎兵을 거느리고중앙으로 공격하면서 일제히 사격을 퍼부었다. 일본군은 혼비백산하여 많은 군수물자를 버리고 도망쳤다. 의병들이 노획물을 거두어 용연으로 돌아오니, 9월 10일(8월 3일)의 일이

주흘산에서 바라본 문경 읍내

조령 관문

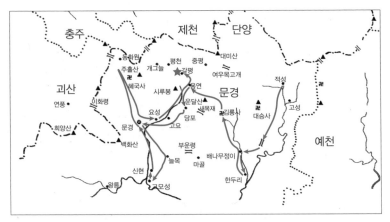

행군로(문경 지역 활동, 갈평 전투까지)

갈평 전투의 승리를 기념하는 기념비

있다. 그 뒤 며칠 동안 갈평에서 패주하여 흩어진 일본군을 베는 전과를 거두었다.

이 '갈평 전투'는 문경에서 일본군에게 밀려나던 의병들의 사기를 크게 높이는 계기가 되었다. 일본군 쪽에서도 순사 5명이 전사한 이 전투를 충격적으로 받아들였다. 이강년은 일본군 패잔병들을 수색하는 과정에서 이인영의 원주의진과 합류하였다. 주민들도 낙오한 일본군을 잡아오는 분위기였다.

단양·영월 지역의 전투

갈평 전투에서 승리한 이강년 부대는 빠르게 행군하여 문경 지역을 벗어났다. 야운령野雲嶺(마성면 외어리에서 호계면 부곡리로 넘어가는 고개. 지금의 부운령)을 넘어 대승사大乘寺(문경 산북면 전두리의 공덕산에 있는 절)를 거쳐 적성, 명봉사를 지나 월감月鑑(예천 하리면 월송동 월감), 상백上白(예천 상리면 백석동 상백)을 지나 뱀재(예천 상리면 초항동에서 단양 대강면 남천리로 넘어가는 고개)를 넘어 단양 쪽으로 이동하였다.

한편 일본군은 갈평 전투의 치욕을 안겨준 이강년 부대를 맹렬히 추적하였다. 함창의 태봉에서 달려온 기쿠치 토벌대의 제3·4종대는 김룡사 부근을 수색하였으나 의병들이 며칠 전에 지나갔다는 정보만을 얻었다. 그 뒤 일본군은 적성으로 진군하여 후군장 신태원이 인솔하는 의병대를 습격하였으니, 갈평 전투가 있은 지 나흘째 되던 날이었다. 이 전투에서 이강년 휘하에서 후군을 이끌던 신태원이 전사한 것으로 보인다.

단양 쪽으로 북상한 이강년은 이인영의 원주의진과 함께 북쪽으로 행군을 계속했다. 그 뒤 이강년 부대는 영춘 지역에 머물면서 잠시 군사를 정비하였다. 영춘 읍내는 이미 일본군의 방화로 참혹한 상태였기에 마을에 들어갈 수가 없었다. 이강년은 향교의 명륜당明倫堂에 머물면서 마을 집강을 불러 모아 추위와 굶주림에 시달리는 의병들의 형편을 설명했다. 향교의 재임齋任과 여러 마을의 집강들이 부유한 이들을 지목하여 겹옷과 쌀을 날라오고 군사들의 식사 문제를 해결해주었다.

영춘에 머물면서 이강년은 몇몇 의진과 세력을 합쳤다. 단양에서 의병을 일으켰던 이명상李明相과 합진하고, 삼척으로 가서 의병을 모집하던 소모장 원건상元建常이 도착하여 병력을 증강할 수 있었다. 문경 지역에서 한때 합쳤던 청풍의병장 조동교도 함께 주둔하였다. 조동교 부대는 군기가 엄정하지 않아 민폐를 끼치는 탓으로 갈등이 없지 않았으나, 새터(단양 영춘면 하리 양지새터)로 옮겨 일단 세력을 합치는 데 힘썼다. 마침 중추절 무렵이었으므로 보산寶山(단양 가곡면 보발리)의 원도상에게서 받은 명절 음식을 고루 나누어주고, 집이 가까운 군사들에게는 휴가를 주기도 하였다.

영춘향교 명륜당

읍내에 며칠 머물던 이강년은 9월 24일(8월 17일)에 남천南川(단양 영춘면 남천리) 쪽으로 부대를 옮겼다. 이튿날 일본군이 순흥 쪽에서 죽령을 넘어 다가온다는 정보가 들어왔다. 당시 이곳에 출동하였던 부대는 니시오카 중대였다. 이강년은 병력 100여 명을 이끌고 느릅재(남천 북쪽 느릅실 쪽의 고개를 가리키는 듯) 쪽으로 적을 맞아 나가고, 조동교 부대에게는 향교 앞 산기슭 쪽으로 나아가 협공하도록 하였다. 그러나 이미 향교에 도착한 일본군은 길가의 골짜기에서 사격해왔다. 이에 맞서 의병들도 산 위에서 사격하였지만, 탄환이 미치지 않았다. 1시간가량 접전한 끝에 날이 어두워져 성골城谷(남천 남쪽의 마을. 상남천 남 1킬로미터)로 물러섰다.

전투에서 뜻을 이루지 못한 일본군은 읍내에 들어가 하리

下里 쪽의 시장통에 불을 질렀다. 의병과 일반 농민을 분리하려는 일본군의 상투적 작전 방식이었다. 성골로 물러섰던 이강년은 이명상·조동교 부대 일부와 우선봉 백남규 부대를 인솔하여 읍내로 쳐들어갔으나, 적은 이미 느티(단양 영춘면 상리 느티)까지 불을 지르고 영월 쪽으로 이동한 뒤였다. 당시 불탄 가옥이 읍내 전체의 약 3분의 1인 70~80호나 되었고, 군수 이하 관리들은 모두 도망가버린 상태였다. 이강년은 동요하는 주민을 다독이고 최가동最佳洞(단양 영춘면 백자리 최개월)으로 물러나 남쪽 나루를 건너 비마루(단양 영춘면 사지원리 飛馬洞) 쪽으로 이동하였다.

영춘 지역에서 며칠 동안 머물며 부대를 정비한 이강년 부대는 이명상·조동교의 병력과 함께 영월 쪽으로 북상하였다. 조전助田(영월 남면 조전리)·장릉莊陵(영월읍 단종의 능)·녹전碌田(영월 상동읍 녹전리)을 거쳐 내리内里(영월 김삿갓면 내리)로 여러 부대를 모으고, 든돌擧石(영월 김삿갓면 와석리)로 군사를 돌이켰다. 이 과정에 군율을 어기고 민폐를 끼친 우익장右翊將 엄충원嚴忠源을 처형하고, 이강년 부대에 합하였던 청풍의 병장 조동교를 처단하는 사건도 있었다.

조동교는 군대 해산 조치 뒤에 청풍에서 봉기한 의병장으로서 그동안 여러 차례 이강년 부대와 함께했던 인물이었

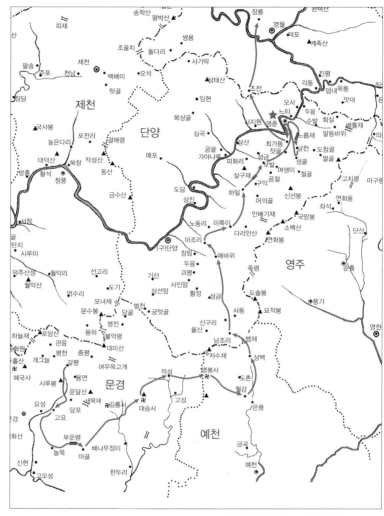

행군로(갈평 전투 후, 영월까지)

영월 전투의 현장, 창절사

다. 그러나 휘하 병력의 군기를 잘 유지하지 못하여 민폐를 끼치는 일이 잦았고, 다른 의진과도 자주 갈등을 빚었다. 엄격한 선비로서 법도를 중시하던 이강년은 그를 용납하기 어려웠다. 결국 이강년은 '나라를 위할 뿐 아니라 백성을 건지려는' 목표를 내세워 조동교를 처단하고 그의 죄목을 공지하여, 의병이 지켜야 할 태도를 강조했다.

조동교의 처단은 이강년 부대에게 큰 위기였다. 그러나

이명상의 단양의진과는 계속 힘을 합쳐 싸우기로 하였다. 영월에서 활동하던 소모장 남필원南泌元과 의진을 합치기도 하였다. 남필원은 제천의 장담에서 있었던 유중교의 강단에 출입하던 선비였고, 을미의병기에 호좌의진에서 활약한 지도자였으므로 더욱 반가웠다.

10월 4일(8월 27일) 일본군의 이동에 대한 정보가 들어왔다. 일본군 30명이 제천에서 영월읍으로 들어와 병참을 설치한다는 소식이었다. 이강년 부대는 든돌에서부터 진평津坪(영월 하동 진별리)을 거쳐 진양晉陽(영월읍 正陽里를 가리키는 듯함)으로 행군하였다. 6일 새벽에 진양에서부터 행군하여 영월읍과 강을 끼고 마주 보는 덕포德浦의 독산獨山에 이르렀다. 영월 수비대는 이미 의병이 공격해온다는 정보를 입수하고, 일부 병력을 영월 서쪽 고지에 배치하고 기다리는 상태였다. 동틀 무렵 의병들이 먼저 사격을 시작하였으나, 일본 수비대 20명은 응수하지 않았다. 함께 싸우기로 한 병력들이 모두 이르지 않았기에 우선봉 백남규가 단신으로 일본군 병참 앞까지 달려들어 초가집에 불을 질러 전세를 도왔다.

일본군은 창절사彰節祠 뒤 언덕 구덩이에 몸을 숨기고 응전하였다. 좌군장 이용로와 좌선봉 하한서가 서남쪽에 자리 잡고 있었으나, 거리가 너무 멀었기 때문에 탄환이 미치지 않는

△拾月六日午前六時에 義徒가 略四
百名이 寧越守備隊를 包圍攻擊 ᄒ 논지
라 守備隊에서 此軍을 預度 ᄒ 고 五日
夜에 日本分隊長 松永軍曹가 兵拾四
名을 率 ᄒ 고 寧越西方 略千米突高地
에서 醫戒 ᄒ 고 其餘 논 衙所를 嚴戒 ᄒ
눈 얏더니 義徒가 三面으로 攻擊을 開
始 ᄒ 고 苦干名은 村內에 潛入放火 ᄒ
야 大部分이 燒燬되얏 논 ᄃᆡ 義徒의 勤
作이 稍히 强硬 ᄒ 야 九時間을 對戰 ᄒ
다가 畢竟互相停止되얏다 ᄒ 고

신문 기사에 나타난 영월 전투
(《황성신문》 1907년 10월 12일)

형편이었으므로 요긴한 자리를 선점한 일본군을 제압할 길이 없었다. 중군장 김상태의 병력이 새벽부터 한낮이 되도록 맹렬히 공격하였으나 일본군은 끝내 나오지 않았다. 뒤에는 중군장이 직접 부하 몇을 이끌고 강을 건너 쳐들어 갔으나, 건물 안에 숨어서 가끔씩 응사하는 일본군을 당할 도리가 없어 돌아왔다. 날이 저물고 탄환이 다하자 이강년 부대는 전투를 중지하고 남쪽으로 이동하여 각동角洞(영월 김삿갓면 각동리)으로 물러섰다.

영월 전투는 비록 성공하지 못하였으나, 이강년 부대의 용맹을 널리 떨치는 계기가 되었다. 신문 기사를 통해 9시간 동안 일본군에 맞서 접전을 벌인 의병들의 활약이 부각되었다.

치열한 전투를 치렀기에 병력을 재정비하고자 각동에서 이틀 동안 머물렀다. 10월 7일(9월 1일)에는 강을 건너 두름斗음(각동 남쪽의 강 건너 마을)의 산 윗마을로 이동하였으나 산골 마을에 병력을 오래 둘 수 없었다. 게다가 화약을 제조하다가 불이 나서 민가가 두 채나 타버리는 사고를 겪었다. 이강

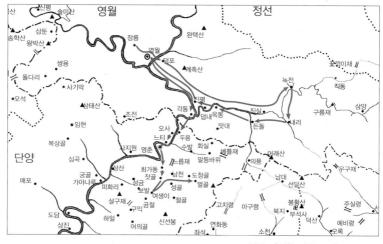

행군로(영월 전투 무렵)

년은 급히 각동 마을 사람들을 동원하여 집을 지어준 뒤에 병력을 다시 영춘 쪽으로 옮겼다. 병두屛杜(영춘면 오사리 맞은편의 강 건너 마을. 영춘면 용진리에 속함)를 지나 강을 건너 오호椷湖(吾賜를 가리키는 듯. 병두와 이어지는 도선장이 있었음)·설아雪阿(영춘면 오사리 설화동)·느티를 거치고, 북진北津(영춘 상리 북벽교가 있는 자리에 있던 나루)을 건너 최가동·여생이(단양 영춘면 백자리 여생이 마을)를 거치면서 윤정섭尹鼎燮·이정래 등의 동지들을 만나 힘을 합치고, 다시 동쪽으로 이동하여 멀골(단양 영춘면 남천리 멀골)에서 군사들을 쉬게 하였다.

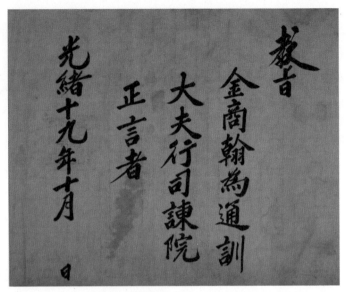

教旨

金商翰爲通訓

大夫行司諫院

正言者

光緒十九年十月

日

김상한(1848~1917)을 정언에 임명한다는 교지

　한편 이 무렵 이강년 휘하의 소부대가 여러 곳에서 활동하였다. 원주 쪽에서는 전군장 윤기영이 움직였고, 도천桃川(영월 주천 도천리) 쪽에서는 한때 민긍호와 함께 활동하던 소모장 주광식朱光植이 병력을 모았다. 영월의 천상면川上面(영월읍 삼옥·거운·문산리), 북면 등지에서는 소모장 남필원이 활약하였다. 연풍 쪽으로는 총독장 이만원, 우군장 이중봉, 선봉장 권용일 등을 보내어 적과 맞섰다. 병력을 모아 찾아온 전 정언 김상한金商翰은 별진장別陣將으로 임명하였다. 이강년은 김상한이 자신의 딸을 며느리로 거둔 사돈이므로 군율을 쓰기 곤란할지 모르겠다며 난색을 표했으나 결국 받아들였다.

10월 15일(9월 9일)에 이강년은 주력을 서쪽으로 이동시켜 향산나루(단양 가곡면 향산리 마을 앞 나루)를 건너고 이어 제천 쪽을 향하여 북상시켰다. 심곡深谷(단양 어상천면 심실)·임현·사기막을 거쳐 16일에는 원주의 신평新坪(지금의 영월 주천면 용석리 새들)을 지나 제천의 송한松寒(제천 송학면 송한리)에 이르렀다.

이 무렵 이강년은 〈사졸에게 맹세하고 경계하는 글(士卒誓戒文)〉을 발표하였다. 이정래가 지었다는 〈군문서계軍門誓戒〉 10여 조를 바탕으로 작성한 듯 보이는 이 글에서 이강년은 그들이 처한 상황과 의무를 명백히 천명하며, '혹시라도 사사로운 일 때문에 공적인 의무를 해치지 말 것, 재물 때문에 의리를 손상치 말 것, 장수는 계획을 늦추지 말 것, 군사는 명령을 어기지 말 것'을 촉구하였다. 조동교의 처단과 아끼던 엄충원이 군법에 저촉되어 죽은 상황을 반영하는 내용이었다.

싸리재

싸리재 전투와 죽령 전투

송한에 이르러 행군의 피로를 풀고자 잠시 쉬고 난 뒤에
10월 20일(9월 14일)에는 배향산 쪽으로 북상의 길에 올랐다.
도룡동道龍洞(원주 신림면 신목정)에 이르러 전군장 윤기영을
만나 의병들을 선유할 목적으로 파견된 강원도 선유사 홍우
석洪祐晳이 원주 지역에서 활동하던 의병대장 민긍호를 회유

하는 문서를 입수하였다.

이 무렵 의병이 활동하는 지역에는 선유사가 파견되어 여러 곳을 순회하였다. 충청도 쪽에도 선유사 이순하李舜夏가 장시를 순회하면서 '칙유勅諭'를 선포하는 한편, 선유위원을 파견하여 민간을 정탐했다. 말할 것도 없이 이강년·이명상 등의 주요 의병장에게도 글을 보내 해산을 권유하였다. 이강년은 왕명을 내세우는 선유위원들의 공작으로부터 의병을 보호하고, 선유위원들의 잘못을 꾸짖는 내용의 〈선유위원을 깨우치는 글[曉告宣諭委員文]〉을 발표하였다. 그 글에서 이강년은 '군주의 명령이 아닌데도 군주의 명령이라면서 좇는 것은 반역'이라면서 거짓 왕명을 내세우며 의병 해산을 꾀하는 태도를 준열하게 비판하였다. 아울러 일진회원과 이토〔伊藤〕에 대한 효유문과 격문도 이때 발표하였다.

도천으로 이동하여 민긍호와 함께 원주에서 일본군과 맞서던 주광식이 병력 90명을 이끌고 왔으므로 후군장으로 삼고 오미(제천 송학면 오미리)로 남하하도록 하였다. 이때 이곳에 왔던 선유사 홍우석은 시가〔志賀〕 소위 이하 일본군 20명의 호위를 받았는데, 이 소식도 이강년 부대에 들어왔다. 윤기영이 선유위원 권태준權泰俊을 잡아 홍우석 일행이 신림에 있으며 곧 싸리재(원주 신림면 신림에서 황둔으로 넘어가는 고개)

를 넘어 주천 쪽으로 이동할 것이라는 정보를 확보하였다.

10월 22일(9월 16일) 새벽 우선봉 백남규, 좌선봉 하한서, 우군 선봉 권용일 등을 싸리재에 매복시켰다. 하한서 부대가 미처 이르지 못한 가운데, 선유사 일행이 도착하자 안개 자욱한 싸리재에서 일대 접전이 벌어졌다. 초전에 기습하여 적 5명을 사살하였으나, 전열을 정비한 일본군의 반격으로 오후까지 접전하였다. 중군·전군·별진까지 동원한 전투였다. 선유사 일행은 간신히 포위망을 뚫고 원주로 돌아갔는데, 이 전투에서 의병도 20명 남짓 전사하는 등 피해가 적지 않았다.

싸리재 전투 뒤에 이강년 부대는 신평으로 이동하여 며칠동안 휴식하였다. 24일에는 다시 남쪽으로 행군하여 사기막을 거쳐 단양 임현으로 물러섰다. 이 시기에 이강년 부대의 지휘부는 전군장 윤기영의 이탈과 좌선봉 하한서의 항명으로 혼란을 겪었다. 처음에 의진을 이끌다가 지휘권을 이강년에게 넘겨주었던 윤기영은 새로운 투쟁의 현장을 찾아관동 쪽으로 옮겨갔고, 싸리재 전투에서 군령을 따르지 않았던 하한서에게는 군율을 시행하려 했기 때문이다. 더구나주광식의 후군 병사들이 반수 이상 도망가는 사태가 벌어지는 시련을 겪기도 하였다. 이강년 부대의 위기였다.

이강년은 가야佳野(단양 가곡면 가대리)로 진군하면서 후군

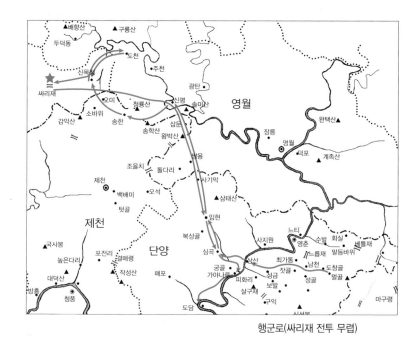

행군로(싸리재 전투 무렵)

에게 영서 지역으로 돌아가 병력을 모으라고 지시하고, 부
대를 도담島潭(단양 매포읍 도담리)으로 이동시켰다. 이곳에서
적정敵情을 정찰하면서 군사들을 며칠 동안 쉬게 했다. 영남
에 흩어진 의병들이 지휘부를 잃고 풍기·순흥 지역에서 민간
에 작폐한다는 말을 듣고, 종사 이천일李千一을 시켜 모아오
도록 하고, 일본식 학교를 세운 자를 처단하면서 주민들을
상대로 선전 활동을 하기도 하였다.

10월 31일(9월 25일)에 이강년 부대는 장림역長林驛으로 이동하여 죽령을 차단하였다. 죽령 아래쪽에서 일본군이 들어온다는 정보가 있었기 때문이다. 일본군 안동 수비대가 출동한 것이다. 그 뒤 이강년 부대는 다른 여러 의진들과 연합하여 죽령을 중심으로 열흘 남짓 일본군과 접전하였다.

먼저 죽령 아래 매바위〔鷹巖〕마을 쪽에 적 수십 명이 출몰하자, 좌우 선봉에게 아래 위 통로에 복병하도록 하였다. 이틀 뒤인 11월 2일(9월 27일)에 죽령을 넘는 일본군을 공격하여 6명을 사살하였다. 5일에는 일본군에게 기습을 받아 간신히 물리쳤으며, 다음 날에는 오전 10시경부터 오후 4시 무렵까지 교전하여 일본군 8명을 사살하였다. 적이 잠시 물러서자 좌우 선봉에게 매바위 뒤쪽에 매복하고 대장진이 깃발을 휘두르고 함성을 지르며 내려가면서 적을 유인하였으나 마침 찬비가 쏟아졌으므로 군대를 이끌고 장림으로 돌아왔다. 이튿날에는 일본군이 매바위로 와서 민가에 불을 질렀다. 중군장과 우선봉을 각각 좌우의 산으로 올려 보내어 사격하고, 별초別抄 박갑주朴甲冑가 군사 몇을 데리고 앞에서 돌격하니 적이 죽령 쪽으로 달아났다. 오후에는 괴평槐坪(단양 대강면 괴평리)으로 내려가 성 판서 댁에서 대접받으며 군사들을 잠시 쉬게 하였다. 일본군이 남긴 자료에 따르면 이날 괴평에서도 전투가 벌어져 의병 사상자가 50명이나 되었다고 한다. 결국 전투가 장기화하면서 의병 쪽의 피해가 늘어가고 있었던 것을 알 수 있다.

10일에는 적과 싸워 4명을 사살하고, 말 1필을 얻었다. 11일 일본군 40명이 남면을 거쳐 들어오고, 25명이 장림으로 쳐들어온다는 정보를 얻었다. 이강년 부대는 풍기의 병참이 비었을 것으로 계산하고 병력을 모두 인솔하여 죽령에 올라 공격을 준비하는데, 갑자기 일본군이 남북쪽에서 들이닥쳐 매바위의 좁은 목을 가로막고 사격해왔다. 의병들은 적의 공격을 감당하지 못하여 소백산 정상 쪽으로 흩어졌다. 이강년이 남아서 병력을 호령하고, 좌우 선봉 등이 견제사격하여 적의 추적을 뿌리치고 산마루에 오를 수 있었으나, 초겨울의 눈보라 속에 굶주린 군사들이 쓰러지기도 하였으며, 대열에서 떨어졌다가 얼어 죽는 군사까지 있었다. 별진別陣에 속해 있던 청풍선비 임석준任晳準도 병으로 뒤처졌다가 일본군에게 사로잡혔다.

11일에 죽령에서 맞은 패전은 이강년 부대에게 매우 큰 타격이었다. 간신히 부대를 수습하면서 소백산 등성을 넘어 북으로 이동한 이강년 부대는 영춘 쪽으로 향했다. 보산·수발(단양 영춘면 동대리 수발)·현곡玄谷(수발의 동남쪽 2킬로미터 검우

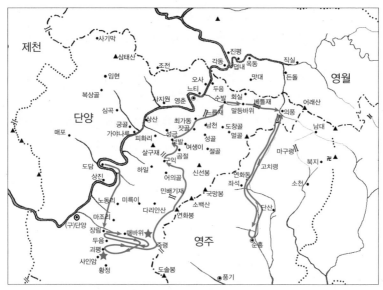

행군로(죽령 전투 무렵)

실)·의풍義豐(단양 영춘면 의풍리)을 지나 동쪽으로 행군한 뒤,
방향을 다시 남으로 돌려 고치골(영춘면 의풍리 솔밑 서남쪽 마
을)을 지나 순흥 땅으로 들어섰다. 11월 12일(10월 7일)의 고난
에 찬 대 행군이었다.

이튿날 순흥읍으로 쳐들어갔다. 적이 전혀 예상치 않은 방
향에서 허점을 노린 것이었으나, 일본군이 기미를 알고 피하
였기에 순검의 집 세 채를 불 지르는 등 무력시위를 하는 데

그쳤다. 주민들은 친일 군수 김창수金昌壽의 학정을 호소하였으나, 군수는 도망쳤고 영천 수비대가 출동하는 형편이었기 때문에 병력을 다시 돌려 겨울비를 무릅쓰면서 의풍으로 회군하였다. 신문은 이강년과 신돌석 부대가 관공서와 민가 180호를 불 질렀다고 보도하였다. 의병의 군사작전에 대하여 일본군이 초토화작전으로 맞섰음을 알려주는 것으로 보인다.

겨울을 앞둔 의진이 직면한 과제

추위가 일찍 닥쳐옴에 따라 이강년의 고민은 깊어졌다. 여름에 봉기한 뒤 충분한 보급이 이뤄지지 못했기 때문에 다가오는 겨울을 어떻게 넘길 것인가가 문제였다. 게다가 의병을 깨뜨리려는 일본군의 공세는 날로 심해졌다.

이강년은 일단 부대를 이끌고 의풍에서 든돌로 북상하였다. 그곳에서 죽령 전투 이후 위축된 병력을 정비하면서 병사들을 당분간 쉬게 할 생각이었다. 일본군에게 잡혀간 아버지를 뵙기 위해 일시 귀향하는 백남규 대신 허섭許燮을 우선봉으로 삼고, 정연철鄭淵鐵을 우익장으로, 윤용구尹容九를 독전장으로 삼았다. 아울러 영좌도총嶺左都摠 변학기邊鶴基가

변학기 격문

병력 40명을 데려왔기에 우군장으로 삼고 관동의 여러 의진을 몰아오도록 하였다.

그러나 병력을 재정비하면서 위기를 넘기려던 이강년의 계획은 뜻대로 이루어지지 않았다. 일본군 남부수비관구 사령관은 대구에 주둔하던 제14연대 제1대대장 아카시[赤司]에게 안동·영천·상주 수비대 병력까지 지휘할 수 있도록 하여 북상시켰다. 일본군은 기관총까지 갖추고 있었고 일진회와 새로 마련한 헌병보조원 제도의 지원을 받아가면서, 의병대에 대한 공세를 강화하였다.

사방에서 일본군이 다가온다는 정보가 이어졌다. 그때마다 의병들은 동분서주하면서 일본군을 맞아 싸우러 나갔다. 11월 16일(10월 11일)에는 순흥의 일본군이 소천 쪽에서 남대동南大洞(부석면 남대리)을 침범했다는 정보를 듣고 골짜기를 수비하였고, 이튿날에는 노루목(의풍 북 2킬로미터) 쪽에 일본군이 출몰한다는 정보가 있어서 달려갔으나 만나지 못하고 직실(영월 김삿갓면 주문리) 쪽으로 병력을 옮겼다. 다음 날에는 일본군 22명이 황정동黃汀洞에 머문다는 정보를 듣고 응고개(영월 중동면 녹전리)에 매복하게 하고, 일본군 30여 명이 금천동金川洞에 출동하였다는 정보를 삼양리三良里(영월 상동읍 내덕리)에 주둔하던 우군이 보고해왔으나 접전은 없었다.

며칠 동안 이어진 일본군의 출몰은 이강년 부대에게 큰 위협이었다. 전투가 벌어졌던 것은 아니지만 위기의식은 고조되고 이를 극복하기 위한 돌파구가 필요했다. 이강년은 이웃에서 활동하던 주요 의진과 연대하는 한편 군소 의진의 폐단을 단속하는 방식으로 대처했다.

11월 22일(10월 17일)에는 영월 쪽에서 활동하던 남필원 부대와 연합하기로 하였다. 남필원과는 10월 초 영월에서 전투를 벌일 때 부대를 합친 적이 있었다. 남필원은 도총都摠 이중희李中熙와 함께 영월·평창·정선 세 고을의 적을 칠 것을 제의하였다. 이에 따라 조직을 일부 개편하여 병력 90명을 이끌고 합류한 좌감군左監軍 이세영에게 좌군장을 맡겨 녹전에 주둔하도록 하였다. 남필원은 정선 쪽으로 이동하여 활동을 계속하였다.

그러나 상황은 더욱 악화하여갔다. 연대를 약속했던 이중희 부대는 얼마 안 가 일본군의 공격에 타격을 입고 무너졌으며, 이강년 부대에서 떨어져 나가 강릉으로 나아갔던 윤기영이 연곡連谷(강릉시 연곡면 행정리) 전투에서 전사했다는 소식이 들려왔다.

의병들의 군기를 단속하는 것도 중요한 문제였다. 겨울로 접어들면서 흩어진 의병들이 민폐를 끼치는 경우가 적지 않

행군로(겨울철을 견딜 근거지를 찾던 시기)

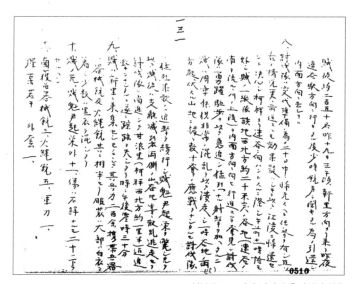

일본군 보고서에 나타난 윤기영의 최후

았다. 예컨대 당시 영남 쪽에서는 이현범李鉉範이란 자가 '호 좌의병'이라고 하면서 민간에 출몰하며 행패를 부린다는 보고가 들어왔다. 이것은 농민의 지지를 받아야 하는 의병 노선에 중요한 걸림돌이 아닐 수 없었다. 이강년은 곳곳에 방을 붙여 이를 개탄하고, 빼앗아간 물자를 찾아주도록 하였다. 본격적인 투쟁을 잠시 미루려는 시기였지만 병력을 모집하는 소모장을 파견한 것도 이 때문이었다. 의병대가 덕천리(영월 하동 옥동 덥내) 쪽으로 이동하면서 삼양리의 송재현宋在賢을 그 지역의 방수장防守將으로 삼아 흩어진 의병들의 폐단을 단속하게 하였다. 그와 함께 겨울용 옷가지와 양곡을 각 마을에서 징발하는 등 월동 준비에 박차를 가했다.

이강년이 1907년 음력 10월에 발표하였다는 〈재격고문再激告文〉은 이 시기에 쓴 듯하다. 일본군의 집요한 공세로 이에 맞서 동분서주하던 시기에 발표한 격문 내용은 대략 다음과 같다.

(……) 호좌의병장 이강년은 삼가 목욕재계하고 팔도의 의義를 같이하는 장수와 의를 좇는 군사들, 의를 떨치고 나선 장사壯士 및 백집사百執事에게 고합니다. (……) 강년은 (……) 한낱 서생이나 충신과 역적의 중대한 구분, 사람과 짐승의 크나큰 구분

에 대해 배운 것을 믿고 잘못을 대수롭지 않게 넘기지 않았습니다. 지난 병신년에 칼을 짚고 영남에서부터 와서 동분서주하며 유격전을 벌였습니다. 때가 이롭지 않아 일을 이루지 못하고 북쪽으로 달아나 요동 들판을 떠돌았으나 외로운 정성은 보람이 없었습니다. 또한 을사년에도 의병을 일으키려 하였으나 병이 들어 온갖 계책을 이루지 못했습니다. (……) 이제 큰일을 당하여 군사를 모아 천千을 헤아리나 변고는 날로 더 깊어지고 일이 갈수록 더욱 커지니 자신의 졸렬함을 돌아보아서 오히려 감당치 못할까 두렵습니다.

나라 안의 이름 있는 인사들을 돌아보니 높은 지위를 차지하여 좋은 말로 사양만 합니다. 아! 슬픕니다. (……) 반드시 말하기를 "형세에는 강약이 있어 한갓 재앙을 불러올 뿐이다. 만약 기회를 타지 않는다면 내가 어찌 감히 망령되이 하랴." 합니다. (……) 또 말하기를, "일의 명분은 비록 좋으나 잘해내지 못하면 반드시 잘못을 들춰낼 것이라."면서 영웅으로 자처합니다. (……) 또 말하기를, "나는 보통 사람이다. 무슨 보탬이 될 것인가. 기왕에 나라를 위하지 못하였으니, 집안이나 보호하여야지." 하면서 문을 닫아걸고 자취를 감추어서 세태의 변화를 관망하려고 합니다. (……) 이런 말이 농사짓고 장사하는 백성들에게서 나왔다면 혹 그럴 수도 있습니다만, 거의 모두가 글 읽고 벼슬하는 선비들의 부류입니다. 나라의 두터운 은혜를 받고 근본 있는 세가의 자손들이 감히 말하니 어찌 슬프고 가슴 아픈 일이 아닙니까? (……)

또 감히 말할 것이 있습니다. (……) 여러 고을에 간혹 의를 같이하는 군자들이 그동안에 나와 깃발과 북소리가 대단하여 서로 의지하니 기쁨을 누를 수 없습니다. (……) 비록 그러하나 의로써 불의를 토벌하는 것 또한 의거입니다. 만일 병력을 모집한다 하고, 의병이라 일컬으면서 이삼십 명씩 읍촌을 달리고 촌락에 머물며 모병과 군수물자를 핑계 대면서 까닭 없이 매질하고 무단히 침탈하며 백성들로 하여금 의병이 이른다는 말만 들어도 이마를 찌푸리면서 도망가 숨게 하는 것은 (……) 일을 방해하는 짓입니다. 함께 쳐서 그 죄를 드러내기를 바랍니다.

군대에 재물이 없을 수는 없습니다. (……) 빈손으로 여러 사람을 바라지하니 스스로 마련할 수 없다면 호곡戶穀·결전結錢을 쓰지 않을 수 없습니다. 부자와 귀한 분들의 도움이 없지 않으나 호곡은 본래 국가가 군대를 위하여 사용하는 재원이며 근래 흉적이 군대를 혁파하였으니 의병에게 써도 안 될 것은 없습니다. 결전은 국가에 바치는 공금인데, 근래 원수 오랑캐가 거두어 쓰니 군사를 여기에 의지하여 먹여도 안 될 것은 없습니다. 이것은 "국가를 위한 일이므로 공적公的인 데서 취한다."는 도

호좌의병장 이름으로 발표한 〈재격고문〉(《운강선생유고》)

리입니다. 이른바 부귀한 자는 일찍이 국가가 태평할 때에 이미 극도로 영화를 누렸으니, 이제 국변國變을 당하여 임금의 다스림이 이루어지지 못하는 판에 어찌 사사로이 누리면서 공도를 잊을 수 있단 말입니까? (……) 이것이 "백성을 위함에 사사로운 데서 취한다."는 말입니다.

또 일진회와 순검으로 도적에게 붙어 간첩질하는 자는 진실로 본심을 잃은 것이고 궁박하여 기댈 데가 없는 것이니 불쌍할 뿐, 미워할 것조차 없습니다. 잘못을 뉘우치고 정의로 돌아서서 몸을 깨끗이 한다면 죄를 용서하고 죽일 것도 없습니다. 또 경병이나 관군으로 적에게 매수되어 좌우에서 따르는 자는 가난이 심하여 큰 죄에 빠진 것입니다. (……) 책임은 우리에게 있고 저들에게 있지 않습니다.

이강년은 격문에서 단발령 이래 자신이 추진해온 의병 내력과 직면한 문제점을 언급하고, 어려움을 더하게 하는 원인 세 가지를 지적했다. 첫째로 나라 안에서 높은 위치에 있는 이들이 몸을 사리며 관망하는 것을 매섭게 비판하였다. 둘째로 의병을 한다면서 이삼십 명씩 떼를 지어 다니면서 모병과 군수물자 징발을 핑계하여 주민들을 괴롭히는 예가 많은 현실을 개탄하고 단속할 것을 공언하면서, 군수물자는 기본적으로 국가의 세원인 호곡戶穀과 결전結錢을 쓸 수밖에 없다고 단언했다. 끝으로 일진회 회원과 순검질하는 자들의 행위는 경제적인 빈곤 때문이라고 다독이면서 죄를 뉘우치고 의병 편으로 돌아오라고 호소하였다.

단양 지역에서 벌어진 전투와 의진의 시련

영월의 동쪽 산간지대를 근거로 삼아 겨울을 나려던 이강년의 계획은 좌절되었다. 끊임없이 달려드는 일본군과 정면 충돌을 피하고자 이강년 부대가 영월에서 활동을 마무리하고 영춘 쪽으로 옮겨간 것은 11월 25일(10월 20일)이었다. 당시 인근의 여러 일본군 병참 병력은 서울이나 대구 등지에서 병력을 지원받으며 이강년 부대에 대한 공세를 강화하고 있었다. 그들은 일진회 회원들의 협조를 받아가면서 길목을 지키고 강나루를 끊어 의병의 이동을 가로막았다. 이때 영월의 일본군 수비대는 이강년 부대를 찾아 녹전 지역에 출동하였는데, 한 걸음 앞서 이강년 부대가 영춘 쪽으로 이동하였다. 수비대는 이강년 부대를 추적하는 일에 나섰다.

각동에 이르러 이강년 부대는 사방에서 일본군에 대한 소식을 들었다. 일본군 30명이 옥동玉洞(영월 김삿갓면 옥골)에 이르렀다는 정보를 들었다. 게다가 회실檜谷(단양 영춘면 동대리 수리봉 남쪽 마을)의 김현준金鉉濬·원직상元稷常은 일본군

40명이 남쪽의 점터에서 의풍을 침범했다는 정보를 보내왔으며, 의풍에서 보내온 보고 또한 그러했다. 병두에 주둔하던 장의장倖義將 이명상은 일본군이 동쪽에서부터 들어와 접전하는데, 본진은 이미 오사나루(영춘면 오사리 앞 나루)를 건넜기에 도움이 되지 못한다는 소식을 전해왔다. 이강년은 본진·별진·좌군의 장병을 괴진槐津(각동 남쪽의 괴목에서부터 두름 쪽으로 건너가는 나루를 말하는 듯)에서 급히 강을 건너게 하고, 장병 80여 명을 뽑아 밤재(영춘면 동대리 수발에서 상리 읍내로 가는 고개)에 매복시켰다. 잠시 뒤 구익(단양 가곡면 보발리의 구이기)에서 보고가 들어왔는데, 일본군 20명이 한드미(구익의 남서 1.5킬로미터)에 들어왔으며 어느 곳으로 갈지는 모르겠다고 하였다. 가야 쪽에서는 적병 18명이 노동蘆洞(단양읍 노동리)을 거쳐 영춘읍으로 향한다는 보고가 들어왔다. 당시 남쪽에서 접근하고 있던 일본군은 대구 쪽에서 북상한 일본군 제14연대의 2개 중대였다.

이강년은 중군장 김상태에게 병력 2초二哨를 인솔하여 잣골(단양 영춘면 백자리)에 매복하도록 하고, 도선봉 백남규에게는 2초를 인솔하여 남천의 동네 어귀를 대비하며 남쪽에서 오는 일본군을 막도록 하였다. 좌군장 이세영에게는 6초를 거느리고 영춘읍의 남진南津(영춘 상리의 영춘교가 있는 자리에 있던 나

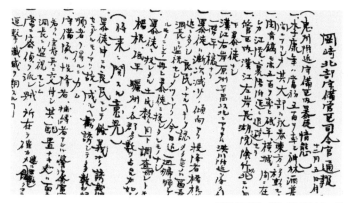

의병 동향에 대한 일본군 보고서

루)·북진을 지켜 서북쪽에서 오는 일본군을 대비하게 하였다.

이튿날인 11월 26일(10월 21일)에는 대구에서 출동한 일본군 제14연대와 접전하였다. 수발에 적이 들어왔다는 소식을 듣고 새벽에 병력 100여 명을 데리고 느릅재 쪽으로 출동하였다. 멀리 동쪽으로 베틀재(단양 영춘면 동대리에서 의풍 쪽으로 넘어가는 고개. 의풍 서쪽 4킬로미터)에서 연기가 충천하였으나, 수발에서는 일본군을 발견할 수 없었다. 일본군이 물러선 것으로 여기고 정찰하는데 몇몇 일본군이 베틀재 쪽으로 달아나는 것이 보였다. 그리고 곧이어 일본군 10여 명이 시냇가에 엎드려 도전해왔다. 접전이 이뤄졌다.

그때 뒤쪽 도창골(느릅실 동남 2킬로미터) 상봉 쪽에서 일본군 30명이 내려다보면서 사격해왔다. 일본군의 유인작전에 걸려든 것이었다. 의진이 걷잡을 수 없이 무너졌고, 이강년은 골짜기 북쪽의 산속으로 몸을 피하여 맛대馬垈(영월 하동 대야리)까지 물러섰다. 뒤따른 장졸이 수십 명밖에 되지 않을 만큼 참담한 패배였다.

수발에서 패전한 뒤 회실에서 하루 쉬었다. 중군장이 남천에서 돌아와 전투 상황을 알려왔다. 남천 쪽에서 벌어진 전투에서 종사 주범순朱範淳, 풍기의 정鄭종사, 심부름하던 아이 만초萬初와 포군 1명이 전사했으며, 잣골에서 교전할 때에 일본군 7명을 사살했다는 소식이었다. 보고를 듣고 성골로 이동하는데, 말등바위(베틀재 서쪽 1킬로미터)의 척후병이 '적이 의풍에서 따라온다'고 보고하였다. 서둘러 도창령을 넘어 성골로 달렸는데, 모두 절골(성골 남쪽 3킬로미터)의 형세가 험하여 며칠 동안은 버틸 수 있다는 것이었다. 이강년은 곧바로 절골로 병력을 이동하였다.

절골에서 군량을 비축하여 버티려고 하였으나 적이 다시 수발을 거쳐 공격해올 것이라는 정보가 들어왔다. 뒤를 끊기면 난감하다는 판단에 11월 29일(10월 24일) 한밤에 군사들을 재촉하여 20리를 행군한 끝에 보산에 있는 원도상 집에 이르렀다. 날이 밝을 무렵 향산나루를 건너려 하였으나, 중군은 적이 나루를 끊었으니 무모하게 나갈 수 없다고 주장하였다. 하루를 묵은 뒤, 새벽에 피화리避禍里(단양 가곡면 보발리 서북 3킬로미터 지점의 피알리)로 이동하였다. 정오에 산 위에서 멀리 바라보니 일본군 50명이 영춘읍에서 이동하여 별진의 소모장인 윤성구尹成九가 머무는 궁골(단양 가곡 가대리 궁골)로 직접 들이닥쳐 분탕질하는 것이 보였다. 저물녘에 향산나루를 건너려고 마을을 나섰으나 일본군은 이미 상류의 사지원斜只院나루부터 아래쪽의 가야나루까지 봉쇄한 뒤였다. 이에 부득이 군대를 돌이켜 곰절(보발의 동남쪽에 있는 마을) 마을로 행군하려고 하였다. 얼마 못 가 문득 요란한 총포 소리가 천둥 같으니 의병들이 사방으로 흩어지고 산으로 물로 도망쳤다. 이미 적이 보산의 원도상 집에 들어온 것이었다. 병력이 모두 흩어져 성금成金(보발 북쪽 1.5킬로미터) 쪽으로 달렸으며, 이강년 자신도 강병수姜秉秀·최덕장崔德章 등 부하 두 사람과 함께 간신히 절벽을 넘어 위기를 모면하였다.

12월 1일(10월 26일)에는 고개를 넘어 상보산上寶山 이경칠李景七의 집에서 중군이 덕가락(단양 가곡면 보발리 덕까락. 덕가내)에 있음을 듣고, 곰절로 가서 흩어진 군사와 종사들을 다시 불러 모은 뒤, 한밤에 행군을 시작하여 살구재(가곡면 보발에서 대대리로 넘어가는 고개)를 넘어서 하일(대대리 하일 마을)에 이

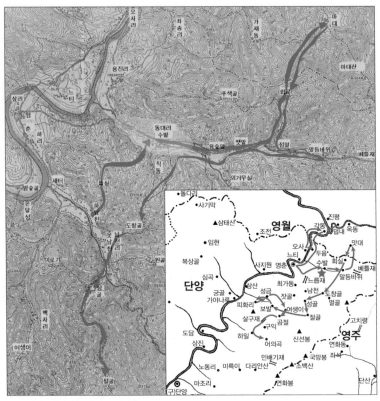

행군로(수발 전투 무렵)

르렀으며, 좌선봉을 보내어 강원도 삼척·황지 등지의 포군을
소모해오도록 하였다.

　이튿날 아침에는 어의곡(가곡면 어의곡리. 엉어실)에 이르러

하루 머물렀다. 저녁때에 매남재
(가곡면 대대리의 매남고개. 매닝기고
개) 위에 적병 30명이 매복하고
있다는 소식과 벌써 하일까지 들
어왔다는 보고를 들었다. 다리안
산多利安山(단양읍 천동리 다리안계곡
남쪽 산)을 넘어 잔도棧道를 나와
눈과 얼음으로 덮인 큰 고개를
여섯 개나 넘어 두음동斗音洞(단양
대강면 두음리)에 도착하였다. 거
기서 잠시 묵고 출발하여 황정리
(대강면 황정리), 사인암·가산리佳
山里(단성면 가산리. 가칠미)를 거쳐

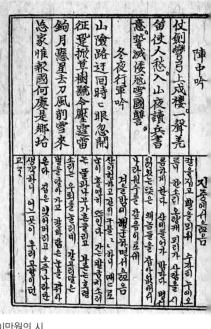

이만원의 시

예천의 명전明田(문경 동로면 명전
리)에 도착하였다.

　명전에서 이틀을 머물고, 12월 4일(10월 29일)에 이강년 부
대는 북쪽의 당골(명전 북 1.5킬로미터)에 진을 옮겨 며칠 머물
렀다. 이 무렵 이강년 부대는 일본군의 공세에 시달리면서
병력도 많이 줄고 탄약마저 고갈 상태에 이르렀다. 일본군
은 의병이 지나가는 촌락은 불문곡직하고 불 지르는 등 초토

화작전으로 나섰고, 이는 의병들이 활동하는 데 제약이 되었
다. 이제 중론은 배향산 쪽으로 이동하여 민긍호 부대와 합
진하고 겨울을 난 뒤에 다음 해 봄에 다시 기병하자는 것이
었다. 이에 따라 먼저 여러 곳에서 활동하던 소모장 이중봉,
별진장 김상한, 이만원·권용일 등의 장수들을 명전으로 불러
모았다. 5일에는 병력 100여 명을 단양의 궁텃골(단양 단성면
벌천리 동남 1킬로미터)로 옮겼다.

12월 7일(11월 3일)에 일본군이 모녀재(제천 수산면 도기리에
서 단양 벌천으로 넘어가는 고개. 멍기재·도기재·모녀티)에서 벌내
坪川(단성면 벌천리)로 진출하였다는 경보가 이르렀다. 정면으
로 부딪친다는 것은 무모한 짓이었다. 여러 부대 병력이 산
으로 올라가 숨었다가, 날이 저문 뒤에 행군을 시작하였다.
도중에 밤길을 가늠하기 어려워 주민의 도움으로 전진하다
가 산불을 만났다. 많은 장졸들이 적병의 공격으로 착각하
고 당황하여 도망하는 자가 많았다. 겨우 남은 병사 40여 명
을 인솔하고 올산兀山(단양 대강면 올산리)에 이르렀다.

이튿날 새벽에 심곡深谷(대강면 신구리 새두둑 남쪽 깊은골)에
이르러서 적병이 이미 올산까지 박두하였다는 정보를 들었
다. 군사를 재촉하여 도솔봉兜率峰을 거쳐 저물녘에 풍기 경
계(지금의 영주)까지 이동하였으나, 거센 바람과 겨울비가 몰

의병들이 달리던 겨울철의 소백산

아닥쳐 행군을 계속할 수 없었다. 민가가 별로 없어 군사들을 먹일 식량을 구하기도 어려웠다. 풍기 쪽은 일본군의 병참이 있기에 계속 나아갈 수도 없었다.

이강년은 군사를 돌이켜 묘적령妙積嶺을 넘어 단양의 사동寺洞(대강면 사동리)으로 야간 행군을 강행하였다. 길을 잃어 헤매기도 하면서 사동에 도착한 뒤, 이튿날 오후에는 성금(사동 서북 4킬로미터)으로 행군하였다. 울창한 수목 사이로 없는 길을 만들어가면서 밤늦게 도착하여 하루 쉰 뒤에, 다시 행군하여 12월 11일(11월 7일)에는 미륵이(단양읍 수촌리)를 지나 무란이(미륵이 북쪽 1킬로미터)에 도착하였다.

무란이에서는 병력을 정비할 수 있었다. 중군장이 병력을 이끌고 합세했기 때문이었다. 함께 매남재를 넘어 보급받고 군사를 독촉하여 살구재를 넘어 10여 일 만에 다시 곰절에 도착하였다. 이때 이강년은 연일 이어지는 강행군에 병을 얻어 위중했으나 행군을 멈출 수는 없었다. 일본군이 금곡金谷(단양읍 금곡리. 쇠실)에서 향산나루를 건넜다고 하기에 강을 건너 궁골로 진을 옮겼다.

12월 16일(11월 12일)에 이강년 부대는 궁골에서 북진하여 복상골(단양 어상천면 방북리 가운방두 동쪽 골짜기)에 주둔하였다. 마을의 집강과 종사를 시켜 파수와 정탐을 하였는데, 오후 늦게 갑자기 순검들이 기습했다. 적이 사방에서 포위하고 사격을 퍼붓자 포군들이 황급히 흩어져 달아났다. 이강년은 별포장別砲將 이문경李聞慶의 사격으로 적의 접근을 막으면서 임현 서쪽의 산기슭으로 피하였다. 소나무가 울창하여 적이 추격하지는 못하였으나 군사들은 다 흩어지고 이강년 주변에는 겨우 장졸 네 사람이 있을 뿐이었다.

이튿날에 이르러서야 패전 내용을 대략 확인할 수 있었다. 중군장이 피신한 것은 알았으나, 그 밖의 '참모 원철상

與姜景晦 秀明

天將盡劉斯民、而先除此義起之命耶悠悠蒼天地
何忍斯究討賊賫軍勢揚第二十次永峽大戰東揚
失西輪彼敵欠退夫何極猙之土倭更為陰招八站
流賊京來新銳賊合三百五十漢自去月廿一至廿
七四面圍駐栗津隘口彼皆緊守這間困境筆古難
記收拾殘兵無獎過去不幸於十二日申初辛當賊
愛荻房社復上谷此實天亡我也痛哭痛哭民心比
初禍解把呼不傳致此蒼卒之變士友被虜者頗多
君民與士卒黨尤而死者八九此吾丙申以後初當

강수명에게 준 편지. 일본군의 공세에 시달리던 상황을 전한다.(《운강선생유고》)

이강년 부대가 패전한 곳. 복상골

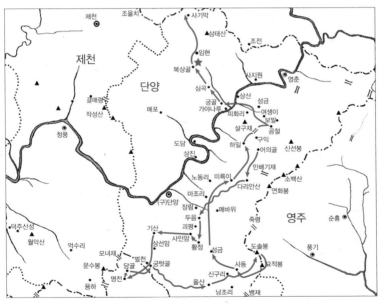

행군로(복상골 전투까지)

元哲常, 신숙申橚과 신명희申明熙 숙질, 소모장 이중봉, 포군 이달李達 등 10명이 모두 잡히고 소모선봉 권용일 이하 7명은 모두 전사하였다'는 보고를 부상負商 집사 홍안동洪安東에게서 들었다. 이강년은 주민들에게 전사자를 잘 묻어달라고 부탁하고 급히 북쪽으로 발길을 돌렸다. 일본군이 복상골에 들이닥쳐 군기를 수색한다는 정보가 들어왔기 때문이었다.

당시 이강년에게 복상골 전투가 얼마나 뼈아픈 것이었는지는 그가 강수명姜秀明에게 보낸 편지에 잘 나타난다.

하늘이 장차 이 백성을 모두 죽이려 하여 먼저 대의를 위하여 일어난 몸을 없애시려는 것입니까? (……) 지난 12일에 마침내 방두房杜의 복상골에서 적변을 당하였으니 이것은 실로 하늘이 우리를 망친 것으로 통곡하고 또 통곡합니다. (……)

복상골 전투는 일본군이 집요하게 겨울 공세를 취한 결과였다. 이강년은 그곳에서 더 버틸 수 없음을 알았다. 동지들도 일본군의 포위망을 빨리 벗어나자고 건의하였다. 그 결과는 이강년 부대의 북상으로 나타났다.

북으로 가는 길

이강년은 일본군의 추격을 피하여 어둠을 뚫고 북쪽으로 달렸다. 그의 곁에는 장졸 대여섯 명밖에 없었다. 산을 넘어 사기막沙器幕(단양 어상천면 대전리 삼화동. 사그막)에 이르러 병들고 지친 몸을 잠시 쉬고, 다시 삽둔鍤屯(제천 송학면 장곡리 번자리 동남쪽 마을)에 있는 진사 이택선李宅善의 집까지 와서야 비로소 누워 치료를 받을 수 있었다.

복상골에서 패하고 이레째 되던 날인 12월 18일(11월 14일)에 선봉 하한서가 군졸 10여 명을 데리고 삽둔으로 달려왔다. 싸리재 전투에서 항명하고 영동 지방으로 병력을 모으러 떠났던 그가 한 달 남짓 만에 위급한 시기에 돌아온 것이다. 이날 밤 집강에게서 군량을 징발하고 행군하여 한밤에 덕우德友(영월 한반도면 광전리 서쪽 마을)의 산촌에 다다르니 그런대로 안심할 만하였다. 좌군장 이세영도 다다랐으나, 장졸들이 잘 모여들지 않았다. 패전 소식을 듣고 놀란 강수명 등이 눈보라를 뚫고 찾아와서 위로하였다. 강림講林(횡성 강림면 강림리)에서 달려온 김성칙金聖則은 후군장 주광식이 평창의 일본군 수비대와 경찰에게 야습당하여 대패하고, 영동 방면으로 이동하였다는 소식을 전하였다.

이러한 어려움 속에서 이강년 부대는 새로운 모색을 하지 않을 수 없었다. 마주한 과제는 혹독한 겨울을 무사히 넘기는 것이었다. 이때 선택한 길은 앞서 영춘 지역 전투에서 큰 타격을 입은 뒤, '배향산 쪽으로 이동한 뒤 민긍호 부대와 합진하여 겨울을 나고 이듬해 봄에 다시 기병하자'는 '겨울나기 대책[過冬之策]'에서 크게 벗어나지 않았다.

이강년은 좌군장 이세영에게 지소덕리紙所德里(영월 북면 공기리 지솟덕)에서 만나기로 약속하고, 주력부대를 이끌고 월계月桂(영월 한반도면 광전리 월계. 광탄리 서쪽 마을. 주천 동쪽 4킬로미터)로 행군하여 그곳에서 며칠 머물렀다. 12월 24일(11월 20일), 좌군이 얼마 떨어지지 않은 소목巢木(돈골에서 평창강 건너편의 소오목)에 주둔하였다는 소식을 듣고 불러다 합진하였다. 그러나 민가가 적은데 의병 수가 많아지므로 민폐가 될까 걱정이었다. 이강년은 부대를 두 패로 나누어 일부는 돈골(영월 한반도면 광탄 서북쪽 마을. 錢洞)에 보내고, 좌군의 중군 정해창鄭海昌에게는 이강년이 있는 월계로 와서 주둔하도록 하였다.

이튿날에는 돈골로 행군하였는데, 적이 옹산甕山(선암 마을 부근) 뒷고개에서 온다고 주민이 알려왔다. 평창강 건너 소목에 적이 출현한 것이다. 일본 측 기록에 따르면, 당시 의

의병이 주둔하던 돈골에서 평창강 건너 소목을 바라본 모습

병 숫자는 200여 명에, 해산 군인 출신이 120~130명 정도였다고 하며, 이에 맞서 출동하였던 것은 영월 수비대의 요코〔橫尾〕소위 이하 28명과 영월 분파소의 순사 1명, 순검 2명이었다고 한다. 각 군이 모두 다래산(돈골 남서쪽에 있는 산)으로 물러나 사격하였고, 별초 박갑주朴甲胄만이 부하 18명을 데리고 강변에 엎드려 100보 거리를 두고 사격하여 적 3명을 사살하고, 2명을 다치게 하였다. 의병대와 일본군은 서

로 산에 의지하여 치열하게 4시간 가까이 교전하였다. 결국 이강년의 의병대는 차츰 북쪽으로 후퇴하여 상판운上板雲(영월 주천면 판운리) 쪽으로 물러났다. 탄환이 다하고 신참 의병들은 밤이 되면 흩어지기 쉬울 것이라고 판단하였기 때문이다.

이강년 부대는 계속 북상하였다. 영동 쪽으로 이동한 후군의 일부 병력과 온양의진이 동행하였다. 그 뒤 무교동武膠洞(평창 방림면 운교리 묵골), 대화大和(평창 대화면 대화리), 봉평 싸리목(봉평면 면온리 유포), 녹대산鹿臺山, 흥정리興亭里(평창 봉평면 흥정리) 등을 거치는 강행군이었다. 힘든 행군 과정에서 도망병도 있었고, 일부 의병대가 부당하게 민폐를 끼치는 일도 생겼다. 이강년은 단호하게 대처하여 탈주자를 베고, 행패를 부리는 의병들을 잡아 바치라는 통고문을 발표하기도 하였다. 〈봉평의 모든 주민에게 통고하는 글[通告蓬坪士民文]〉이 그것이다. 이러한 조치로 이강년은 농민들 속에서 신망을 유지할 수 있었다.

이동하면서 병력을 재정비하기도 하였다. 북상하던 때에 이강년 부대의 핵심 간부들이 많이 빠졌기 때문에 주요 지휘부를 다시 정비해야 했다. 그리하여 12월 30일(11월 26일)에는 정해창을 중군, 하한서를 도선봉, 박갑주를 좌선봉으로

박장호(1850~1920)

삼아 지휘 체계를 다시 짰다. 그리고 도중에 합진한 노면지盧勉墀·서병림徐丙林 등 여러 의병과 함께 일을 의논하게 하였다. 관동 지역에서 의병을 일으켰던 박장호朴長浩도 이 시기에 부대를 이끌고 북상하는 중이었다. 이강년은 유중교의 제자이기도 한 그와 만나 의기투합하고 함께 행군했다. 같은 화서학파 학자였으므로 동질감을 느꼈을 것이다.

이강년 부대는 일본군과 접전을 피하면서 북으로 발길을 재촉하였다. 장군목(평창 봉평면 흥정리에서 서석면 생곡으로 넘어가는 고), 생곡笙谷(홍천 서석면 생곡리), 검산촌黔山村(서석면 검산리), 효곡촌孝谷村(서석면 상군두리 효제동?), 홍천의 동창東倉(내촌면 물걸리 동창), 여창이(내촌면 서곡리 서일 북쪽 마을), 괘석掛石(홍천 두촌면 괘석리), 내동內洞(홍천 동면 후동리 안뒷골), 삼가三街(춘천 북산면 조교리 삼거리), 삽교揷橋(북산면 조교리 또는 대동리 삽다리골), 졸운卒雲, 인제강麟蹄江(소양강), 다라메기(북산면 오항리), 낭천의 간척리看尺里(화천읍 간동면 간척리) 등을 차례로 거치면서 북쪽으로 이동하였다.

간척 마을에서 묵고 다음 날인 1월 6일(12월 3일)에는 일본군과 접전하였다. 마을로 의병이 들어온 것을 알고 일본군

이 기습한 것이다. 이 전투에서 좌선봉과 별포別砲 한병선韓
秉善·임차손林次孫 등이 분전하여 일본군 4명을 사살하는 전
과를 올렸고, 적은 낭천으로 물러섰다. 그러나 의병 쪽에도
피해가 있었는데, 박장호는 총상을 입었고, 제천 사람 박포
수도 전사했다. 집강과 마을 사람들이 적의 기습을 알려주
지 않은 데 분개한 좌선봉 박갑주는 민간에 불을 질러 5채를
태우는 등 화풀이를 하기도 했다. 일본군이 다시 나타났으
나 장졸이 추위에 떨며 굶주렸고 탄약이 다하였으므로 양통
령陽通嶺(춘천 신북읍 발산에서 사북면 고성리 양통으로 넘어가는 고
개)을 넘어 고탄성古灘城(사북면 고성리 남쪽의 古呑里)으로 병력
을 옮겼다.

그 뒤 1월 8일(12월 5일)경에 가평加平 지역에 도착할 때까
지도 더욱 악조건 가운데서 행군을 계속하였다. 눈보라가
몰아치고, 얼어붙은 계곡을 제대로 먹지도 못한 채 걸었다.
적의 눈을 피하여 주로 야간에 이동하였는데, 지리에 어두
워 길을 잃고 헤매는 일이 잦았다. 골운骨雲의 일남고개(춘
천 사북면 인람리), 가현可峴, 지암芝岩(사북면 지암리. 지개미·지가
암), 홍적령洪逖嶺(지암리에서 가평 북면 화악리 쪽으로 넘어가는 고
개)을 넘어 가평 광악리光岳里(가평 북면 화악리의 광악 마을)에
도착하였다.

이강년 부대는 광악에서 '절벽에는 눈이 쌓였고 나무는 하늘까지 가득한 고개'를 넘었다. 아마도 애기고개(가평 북면 화악리 애기골에서 화악리 버들아치로 넘어가는 고개)를 넘은 듯하다. 그리고 목적지인 대청동待淸洞(가평 북면 적목리의 용소동 부근으로 추정)에 도착하였다. 그곳은 서울에 가까우면서도 험준한 산간지대였고, 춘천과 가평과 영평永平 세 고을이 맞닿은 지역이었다. 눈과 얼음으로 뒤덮여 일본군의 위협에서 비교적 안전한 곳이면서 서울을 위협할 수 있는 곳이기도 했다. 그뿐만 아니라 그가 존경하던 유중교가 강학하던 옥계玉溪(가평읍 승안리 옥계동)에서 멀지 않았고, 노론 세력의 학문적 근거지 가운데 하나인 곡운영당谷雲影堂도 지척이었다.

화악산華岳山 주둔기

대청동에서 이강년은 곡운谷雲을 거쳐 당도한 박장호 부대와 다시 만났다. 그리고 두 사람은 겨울이 끝날 때까지 그곳에서 군사들을 쉬게 하기로 정하였다. 험한 지형이기 때문에 지키기에는 좋았지만, 군량을 대는 데 어려움이 많아 고통스러웠고 도망병도 발생하였으므로 엄하게 단속하였다.

광악리

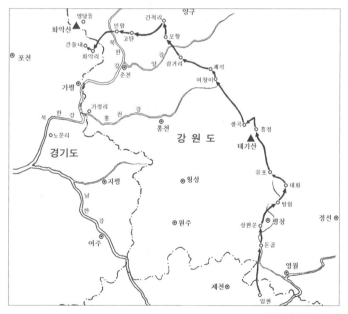

행군로(화악산까지)

겨울을 나려면 군량 문제를 시급히 해결해야 했다. 이강년은 척후장斥候將 조정희趙正熙에게 가까운 마을에 곡식을 쌓아둔 곳이 있는지 알아보도록 하면서, 한편으로는 홍종선洪鍾善을 서울로 보내어 격문을 전달하도록 하는 등 심리전을 펼치는 데도 게을리하지 않았다. 당시 이인영을 비롯한 여러 의병대가 서울을 압박하고자 근기近畿 지역으로 모여들던 형편이었으므로, 이강년의 격문은 여기에 동참하는 것으로 짐작된다.

그러나 실제 이강년 부대는 본격적인 전투보다 겨울을 무사히 넘기는 데 힘을 기울였다. 이강년이 화악산에 제사한 제문에도 이 같은 사정이 잘 드러난다.

우리나라 경기京畿 땅에 우뚝 솟은 위대한 신령이시여! (……) 신령의 공덕으로 만년토록 뭇 생령을 보호하셨도다. 섬 오랑캐가 창궐하여 이 땅이 편치 않으매, 의로운 깃발을 가지런히 하여, 그 품 안에 병사들을 쉬게 함에 시종 가만히 도우시는도다. (……) 나라 안의 화란을 깨끗이 쓸어버린다면 영원토록 노래하며 기리어 감사하는 제사가 한없을 것이로다. (……) 엎드려 바라건대 신령께서는 위력을 보이소서.

안정적인 보급선을 확보하려는 노력은 방수장 설치에서도 나타난다. 방수장은 을미의병 당시에 수성장 체제 아래 있었던 조직으로서, 해당 지역을 파수하는 총책임도 중요하지만, 군량을 대는 것이 그에 못지않게 중요한 임무였을 것이다. 이강년은 용소동龍沼洞(가평 북면 도대리의 용소)의 박경팔朴敬八을 방수장防守將으로 삼아 겨울나기를 위한 조치를 마련했다.

이 무렵 이강년 부대는 가평·영평(지금의 포천군 북부)·춘천

낡은 터. 이곳에서 화악산신에게 제사했다.

이강년 부대가 방수장을 두었던 근거지. 용소동

(지금의 화천) 접경 지역을 실질적으로 지배했다. 병력을 이끌고 인근 여러 마을을 순회하기도 하였는데, 이는 군량을 확보하려는 활동이었을 것이다. 그 뒤 주변 여러 마을에서 각종 곡식과 의복을 공급받았으며, 또한 각 마을에서 일본군의 동정에 대하여 지속적으로 보고받을 수 있는 체제를 갖출 수 있었다. 가평 일대에 머물던 두 달 남짓한 기간 동안 춘천·영평·가평의 각 마을에서 받은 물자와 보고 사항을《창의사실기》에서 뽑아보면 다음과 같다.

〈양식 등 물품을 부조받은 경우〉

가평 거림천E林川(북면 거릿내 명지초교 남쪽 마을)   1월 17일

   관청리官廳里(북면 도대리의 낡은터 북쪽 마을)   1월 30일, 3월 14일

   가림리加林里(북면 적목리 가림이)   1월 30일

   용소동龍沼洞(북면 도대리 용소)   1월 30일

   논남기論男基(북면 적목리 논남기)   2월 19일

   제구녕濟救寧(북면 제녕리)   3월 2일

영평 배일리排日里(포천 일동면 화대리 밸말)   1월 17일, 2월 27일

   연곡燕谷(이동면 연곡리 제비울)   2월 19일

   백일평白日坪(일동면 기산리 배리?)   1월 27일

   도팔리都八里(이동면 연곡리 도포?)   2월 12일, 3월 16일

   수림리守林里(일동면 수입리?)   2월 18일

   배상동排上洞(배선동. 이동면 장암리 배산골)   3월 10일, 3월 14일

   도평桃坪(이동면 도평리)   3월 3일

   백운동白雲洞(이동면 도평리 흥룡사 동북쪽 마을. 백운골)   3월 3일

   노곡蘆谷(이동면 노곡리)   3월 5일

   신현리薪峴里(이동면 연곡리 심재)   3월 14일

   사당리沙塘里(일동면 사직리 사당말)   2월 19일

   운담雲潭(일동면 화대리 운담)   2월 23일

춘천 검단리儉丹里(화천 사내면 광덕리 검단동)   2월 12일

　　수밀리藪密里(화천 사내면 삼일리 수밀)   3월 2일

　　곡운영당谷雲影堂(사내면 삼일리 영당동에 있음)   3월 5일

　　면대面垈(영당동 서쪽 1킬로미터)   3월 5일

　　곡운谷雲(사내면 사창리 일대)   2월 18일

　　곡운 창리倉里(사내면 사창리 창말)   3월 16일

　　곡운 송대松垈(사내면 용담리 솔대)   3월 16일

　　곡운 실내實內(사내면 명월리 실내)   3월 16일

　　반암磻岩(사내면 사창리 반암동)   3월 16일

〈첩보를 보내온 마을〉

수밀리 6회: 1월 17일, 2월 12일, 2월 19일, 2월 27일, 3월 2일, 3월 10일

도대리道大里(가평 북면 도대리) 2회: 1월 17일, 2월 19일

논남기 2회: 2월 2일, 3월 11일

용소동 3회: 1월 17일, 2월 2일, 2월 27일

곡운 1회: 2월 2일

반암 1회: 2월 18일

계림동桂林洞(가평 ?) 1회: 3월 11일

관청리 2회: 2월 19일, 3월 16일

박달봉

사당말

감투봉

도평

백운산

사창리

반암

도마치봉

수밀 면대동 영당동

도마티

화천군

관음산 사향산

심현

노곡

국망봉

제비울

관모봉

갈기 사당말

용수목

가림

응봉

화악산

춘천시

포천군

뱀말

운담

논남기

거릿내

관청리

애기봉

건들내

강씨봉

청계

낡은터

광악

명지산

청계산

가평군

도대

수덕산

홍적

화악리

행랑말

영선동

우묵봉

제령리

운악산

가일

화악산 주둔기에 도움을 준 마을들

지원 체계를 구축하면서 이강년은 촌락민을 보호하기 위한 조치들을 취했다. 당시 이곳에는 이강년 부대 말고도 여러 의병대가 모여들었고, 이인영이 주도한 서울진공작전에 동참하는 의병대가 이곳을 많이 찾아들었기 때문이다. 황순일黃淳一의 진동진鎭東陣과 김용상金龍翔의 안동진安東陣 등도 인근에 주둔하였는데, 일본군에게 밀려 용소동까지 와서 도움을 청하였으므로 연락 닿는 곳에 머물도록 허락하였다. 이러한 사실은 이강년 부대가 이 지역에 사실상 군정軍政을 실시하고 있었던 것을 말해준다.

그러나 많은 의병대가 일정 지역에 주둔하면서 문제가 생길 수밖에 없었다. 당시 의진마다 군수물자를 확보하는 것이 가장 큰 문제였다. 이 경우에는 의병대장의 책임 아래 '적을 토벌하고, 나라의 원수를 갚는 일'을 들어 마을 단위로 부담시키는 것을 정당하다고 여겼다. 엄격한 통제 밖에 있는 일부 의병들의 개별적인 물자 징발은 폐단을 짓는 일로 간주하였다. 당시 패전이나 도망으로 말미암아 흩어진 포군들이 많았는데, 민간에 다니면서 군수품을 모은다는 핑계로 온갖 민폐를 끼치는 일이 잦았기 때문이다.

이들의 행패를 근절하는 것은 현지 주민을 보호하는 일이기도 했다. 이강년이 화악산 일대에 주둔하였을 때 진동대장

황순일 휘하의 중군장 이세창李世昌, 도영장都領將 김창석金昌錫 등이 춘천의 곡운면에 들어와서 막대한 물자를 약탈해갔다 하여 열두 마을에서 호소해온 일이 있었다. 이강년은 황순일에게 보낸 편지에서 "요즈음 의병은 많지만, (……) 탐내는 것은 군수물자와 군의軍衣이고, 회피하는 것은 도적의 칼날과 포탄이다."고 비판하면서 이세창이 곡운에서 빼앗은 물자를 찾아서 돌려주고 김창석을 잡아 죽였다. 아울러 마을 책임자들에게 글을 보내어 '의병을 칭탁하여 힘없는 백성을 침학하는' 행위를 두려워 말고 고발하여 징계하도록 하라고 게시하는 한편, 해당 지역에 군량을 부담시켰다. 그리고 현지 거주민 가운데 심장섭沈章燮을 금난장禁亂將으로 임명하여 흩어진 군사들이 함부로 거두어들이는 폐단을 엄하게 단속하는 책임을 맡겼다. 이는 이강년 부대가 일정 지역을 배타적으로 지배하였다는 사실을 말해준다. 이러한 지원 체계를 구축한 덕택에 이강년 부대는 두 달이 넘는 화악산 주둔 시기를 견딜 수 있었다.

이강년 부대가 북상한 까닭

이인영(1867~1909)

　이강년 부대가 북쪽으로 이동한 까닭은 무엇이며, 배향산에서 겨울을 나기로 했던 계획과 어떤 관련이 있을까? 이강년이 북상하던 시기는 이인영이 앞장섰던 십삼도창의진十三道倡義陣이 서울진공작전을 추진하던 시기였다. 여러 지역 의병대가 연합하여 서울을 공격한다는 것은 상당 부분 소문이 나 있었던 것 같고, 이강년의 북상 목적도 여기에 호응하려는 것으로 이해할 수 있다. 이강년이 근기 지역으로 이동한 뒤 조종암祖宗巖의 왕제하王濟夏에게 보낸 편지가 이러한 상황을 말해준다.

　저희들이 빈약한 무기로 봉기한 지 벌써 6개월입니다. 충청도와 강원도 사이에 있으면서 가장 한스러운 것은 지혜가 부족하고 힘이 미치지 못하는 것입니다. 천하의 미약한 힘으로써 천하의 막강한 적과 버티고 있으니, 그 형편은 외롭습니다. 수없이 어려움을 겪으면서 죽기를 무릅쓰고 싸우며 서울의 백 리 밖까지 이르렀습니다. 정말로 위급하여 망하느냐, 살아남느냐 하는 때입니다. 맹세컨대 장차 성을 등지고 한번 싸워볼 계획입니다. 예전에 같이 공부한 것은 오늘에 같이 동맹한 것입니다. 엎드려 바라건대 높은 지혜로써 거동하시기를 꺼리지 마시고, 큰일을 도모한다면 천만다행이겠습니다.

이 편지는 1907년 말에 쓴 것으로 보인다. 당시 이강년은 이미 배향산을 지나 박장호 부대와 나란히 하여 북쪽으로 행군하고 있었다. 처음에는 배향산을 목표 삼았지만, 도중에 뜻하지 않게 복상골 전투에서 패하고, 주천의 다래산 전투를 겪으면서 이강년은 북상을 결심하였던 것 같다.

이같이 결심하게 된 구체적 배경을 잘 알 수는 없다. 그러나 기대했던 민긍호 부대와 연합이 순조롭지 않았던 것과, 서울 진공을 시도하는 여러 의병대들이 근기 지역으로 모여들었던 것이 크게 작용하였을 듯하다.

민긍호 부대는 봉기 초부터 이강년 부대와 접촉이 많았다. 이강년 부대의 소모장 주광식은 민긍호와 연대하여 원주의 일본군을 치기도 하였다. 그러나 이강년은 민긍호 부대를 그다지 크게 신뢰하지 않았던 것 같다. 첫 전투인 제천 전투를 치르고 난 뒤의 기록에 '진위대장 민긍호는 비록 무리에게 강박되어 봉기하였으나 마음을 다해 적을 토벌하였으니, 이 전투에서 공이 많았다'는 《창의사실기》의 평가는 이강년을 비롯한 호좌의진 쪽 인사들이 민긍호를 어떻게 평가했는지를 정확하게 반영하는 것으로 보인다. 이강년은 제천 전투 뒤에 이어진 충주성 공격에 민긍호가 적극적으로 호응하지 않고 이동하였다고 이해하였다.

이렇듯 이강년은 민긍호를 그다지 신뢰하지 않았다. 그런 마당에 민긍호가 선유사와 접촉하면서 서신을 주고받은 일이 신문지상에 공개되자 이강년의 불신은 깊어졌다. 이강년은 민긍호와 제휴하던 주광식의 군세가 위축되었던 것도 민긍호의 소극적 전투 방식 때문이라고 인식하였다. 일본군의 공세도 강화되고 있었다. 따라서 이강년은 민긍호와 연대하여 배향산 부근에서 겨울을 난다는 계획을 수정하여 북상을 계속하였던 것이다.

한편 그 무렵 양주와 가평 일대에는 이미 수많은 의진이 모여들었으며, 이즈음 서울 진공에 관한 구체적 계획은 이강년에게도 전달되었을 것이다. 이강년이 왕제하에게 편지를 보낸 것이나, 박장호와 연대하고 함께 북상한 것은 바로 이즈음의 일이었다.

이강년의 처음 생각이 어쨌든 호좌의진은 서울 진공을 주도하는 주요 부대의 하나로 여겨졌다. 뒷날 당시의 상황을

서울진공작전에 대한 신문 기사(《대한매일신보》 1909년 7월 30일)

보도한 신문에도 십삼도창의진에 참여한 의병장으로 '호서
창의대장 이강년'을 들었다. 이인영이 체포된 뒤 진술한 내
용도 마찬가지인데, 그의 진술에 따르면, 서울 진공에 참여
한 의병장들은 다음과 같다.

십삼도十三道창의총대장	이인영李麟榮
전라全羅창의대장	문태수文泰洙
호서湖西창의대장	이강년李康秊
교남嶠南창의대장	신돌석申乭石
진동鎭東창의대장	허 위許 蔿
관동關東창의대장	민긍호閔肯鎬
관서關西창의대장	방인관方仁寬
관북關北창의대장	정봉준鄭鳳俊

여기서 주의할 점은 '호서창의대장'이란 칭호가 고유명사는 아니라는 점이다. 전국의 대표적인 의병대가 모두 참여한다는 뜻에서 그리 표현한 것인데, 이를 마치 총대장이 '호서창의대장'으로 임명하였다는 식으로 이해하면 곤란하다. 이강년 부대의 공식 명칭은 어디까지나 '호좌의진', 또는 '호좌창의진湖左倡義陣'이었다.

명칭이야 어떻든 이강년은 이인영이 주도하는 서울진공작전에 동참하기는 했다. 그러나 이 작전과 관련하여 이강년이 취한 조치로 짐작되는 것은 1월 17일(12월 14일)에 홍종선을 시켜 서울에 격문을 보냈다는 기록 말고는 뚜렷이 보이지 않는다.

당시 이강년의 정신적 지주였던 유인석은 장기적인 투쟁의 근거지를 만드는 데 관심을 두었다. 연해주沿海州에 머무르던 그는 여러 의병대가 연합하여 서울로 쳐들어간다는 소식을 듣고 아들 유제함柳濟咸과 김낙원金洛源을 보내어 여러 의병 지도자들을 만류하는 서신을 전했다.

생각하건대 지금 의거의 묘책은 오래 버티는 것입니다. 오래 버티다 보면 반드시 기회는 옵니다. 오래 버티려면 근거지를 얻고서야 가능합니다. 돌아보니 동쪽으로 몰려나고 서쪽으로 쫓기는 형편으로 버티기가 어려운데 그 근거지마저 얻지 못한다면 이를 장차 어찌하겠습니까?

유인석(1842~1915)

생각해보면 백두산은 한 나라의 뿌리이고, 부근의 무산·삼수·갑산·장진·자산·후창·강계 등 여러 고을은 아주 험요하니 버티어 지킬 수 있는 요지입니다. 이곳을 얻어 근거로 한다면 큰일을 할 수 있을 것입니다. 서북 사람은 강건하고 사격도 잘하며, 만주 쪽에는 우리나라 사람들이 대단히 많고 그 사이에는 이미 서로 기맥을 통할 수 있는 바가 없지 않습니다. 여기에서라면 병력을 모아 기를 수 있으며, 재물과 곡식을 넉넉히 댈 수 있으며, 기계를 만들고 살 수 있습니다. 또한 청나라와 러시아 두 나라와 연결하는 것도 방법이 없지 않습니다. 한 나라의 영웅호걸을 모아들이고, 예기銳氣를 모아 때를 기다리다가 호령이 한 번 떨어지면 전국을 진동시킬 수 있고 큰일을 도모할 수 있습니다.

들건대 삼수·갑산과 북청에는 이미 의병이 일어나서 대단한 기세라 하며, 장진·강계에도 역시 일이 일어나기 시작하였다니 우연한 일이 아닙니다. 지금 동남쪽의 의병 수천 명이 가서 합친다면 세력은 당연히 굉장할 것이요, 가히 서북 여러 고을로 넘쳐들면 근거지를 통쾌하게 장만할 수 있을 것입니다.

지금 동남의 여러 의병진이 근기近畿에 모여서 입성入城할 것이라는 설을 들었습니다. 입성이 통쾌한 일이긴 하나 대단히 위태한 일입니다. 의병은 지금 천지의 명맥을 잇고 있습니다. 일정하게 묘책이 있어 일거에 국권을 회복할 것이 아니라면 불필요하게 위태로운 방책을 취해서는 안 됩니다.

이 같은 편지는 화악산에 주둔하던 이강년에게도 전해졌다. 그리고 박장호나 허위許蔿에게도 그 뜻은 전해졌다. 그러나 이 시기에 이미 이강년은 병사들을 쉬게 하기로 정한 다음이었고, 그 방침은 민간에까지 통고문 형태로 공개한 뒤였다. 1월 말에 이인영이 분상奔喪하면서 서울진공작전은 차질이 빚어졌고, 그로부터 한 달 뒤인 2월 29일에는 강력한 의병대를 이끌어왔던 민긍호가 강림講林(횡성 안흥면 강림리)에서 원주 수비대에 맞서 싸우다 전사하는 등 의병 전쟁은 중요한 전기를 맞고 있었다. 이런 상황에서 이강년이 유인석에게 보낸 3월 14일(2월 12일)자 편지는 북쪽으로 이동하게 된 그동안의 형편을 전해준다.

제가 군대를 거느린 뒤로 영남·호서·관동의 200리 지경 안에서 도적 장수와 졸개 53명을 죽이고, 영춘·단양·영월 세 고을 사이에서 나아가 싸우고 물러나 지켰는데, 동지 한 사람도 없이 홀로 그 날카로운 칼날을 무릅썼고, 또 깊은 겨울을 만나 저항하여 싸우기 어려워 방황하면서 점거할 곳을 얻지 못하였습니다. 이에 군사 백여 명을 뽑아 거느리고 동쪽으로 달려가 박화남朴華南(박장호)과 함께 깃발을 나란히 한 채 평산平山으로 전진하여 삼가 좌우에서 지휘를 기대하며 양서兩西의 여러 인사들을 격려하여 일으켜 합쳐서 한 군데 의병의 근거지를 마련하여 오래 버틸 계책을 세우려 하였습니다. 그런데 길에서 도적을 만나 몇 차례 교전하고 겨우 가평의 광악산光岳山(화악산)에 이르러, 장수와 군사가 모두 피곤하고 눈보라와 추위가 점점 더 심하여지며, 또 서쪽의 군대가 떨치지 못함을 듣고, 잠시 이곳에서 머뭇거리고 있습니다. 한스러운 것은 재력이 궁핍하고 기계가 미비한 일입니다. 엎드려 바라옵건대 특별히 처분을 내리시어 대의를 마무리하도록 하심이 어떻겠습니까.

이 서신에서는 이강년이 부대를 이끌고 북상한 것이 부득이한 일이었음을 확인할 수 있고, 아울러 북상이 결국은 서북쪽으로 나아가는 과정이있음도 알 수 있다. 앞서 영춘 지역 전투에서 패한 뒤 제기되었던 '겨울나기 대책'도 이러한 맥락에서 이해할 수 있다. 이강년 부대의 중요 인물이었던 권용일도 그의 회고담에서 화악산 주둔 시기를 '가평 광학산〔화악산〕 등지로 이주하고 과동지책過冬之策을 생각하고 군규軍規를 엄중히 하며 또 내적來敵을 방비하여 군량도 준비하며 근근히 과동過冬하고 이듬해 정월에 행군하여 용소동에 도착하니'라고 표현하였다. 이는 이강년 부대 인사들이 북상을 어떻게 이해했는지를 알려준다.

일본군도 여러 의병대의 동향에 대하여 다음과 같이 평가하였다.

생각하건대 지난 8월, 9월에 일어난 폭도의 단체는 10월 이래 대토벌을 받아 전투에 패하여 근거지를 잃고 수괴를 상실, 부득이 대동단결하여 양구·인제 및 가평·영평의 산중에 집둔集屯하였으나, 이 또한 맹렬한 공격을 받아 아군에 무릎을 꿇어 마침내 6월 이래 폭도의 내습은 듣지 못하기에 이르렀다.

이러한 기록은 일제 측의 시각으로서 조심스럽게 받아들여야겠지만, 사실 설명만은 이강년이 유인석에게 보낸 편지 내용과 거의 다르지 않다.

이강년이 가평 일대에 주둔하면서 어떤 시도를 했던 것은 분명하다. 이강년에게 협조하던 곡운의 홍종선이 노구를 이끌고 철원으로 떠났던 날이 2월 12일(1월 11일)이었고, 홍종선이 철원에서 성과 없이 돌아와 '시도하던 것이 허사가 되었음'을 알게 된 날이 2월 27일(1월 26일)이다. 홍종선으로 하여금 시도하도록 한 것이 무엇인지는 알 수 없다. 이강년이 시도하려던 것이 무엇인지는 알 수 없다. 그러나 같은 시기에 박장호가 군사 업무 때문에 가평 조종암에 다녀온 것, 곡운영당에서 일정한 지원을 받아왔던 기록은 당시에 북한강 유역에 자리 잡은 척사 계열의 인사들과 어떤 사업을 준비하였던 것을 말해준다. 그러나 그것이 서울진공작전과 어떤 관련이 있는지는 알 수 없다.

결국 이강년 부대가 북상한 주요 목적은 서울 진공에 참여하려던 것만은 아니었던 듯하다. 왕제하에게 보낸 편지에 언급하였듯이, 북상의 목적에 서울진공작전에 호응하는 면이 없었던 것은 아니다. 그러나 이강년 부대가 처음 북상에 나선 까닭은 일본군의 연이은 대공세를 견디지 못하고 '겨울을 무사히 넘길 수 있는 길'을 찾으려 했기 때문이었다. 12월 중순에 있었던 복상골 전투에서 패배한 뒤에 전열을 재정비하여 곧장 북상의 길에 오른 것은 이를 말해주는 대목이다.

처음에 이강년은 배향산 쯤에서 겨울을 나려고 하였다. 그러나 일본군의 공세가 이어졌고 처음 염두에 두었던 민긍호 부대와 제휴하는 것이 여의치 않았다. 이런 상황에서 이강년 부대는 의병이 집결하고 있던 근기 지역으로 북상하는 길을 선택하였다. 이는 이인영이 주도하던 서울진공작전에 동참하는 것이기도 했다. 그러나 이강년 부대가 북상한 것은, 을미의병기에도 그랬듯이, 서북 지역에서 재기하려는 뜻도 있었다. 유인석이 그동안 서북 지역에서 강회 활동으로 다져놓은 기반을 의식하였기 때문이다. 군세가 상당히 위축되어 있었기 때문에 서울진공작전에 적극 참여할 수는 없었다.

결론적으로 이강년 부대의 북상을 서울진공작전의 맥락에서만 볼 수는 없다. 이강년은 그때까지 소백산 일대에서 벌였던 투쟁이 한계에 부닥치자 겨울을 무사히 견디면서 재기할 기회를 노리고자 북상하기로 마음먹었고, 서울진공작전에 참여하는 것은 부차적인 것이었다. 동기야 어떻든 명성 높은 이강년 부대가 근기 지역으로 진출하는 것 자체가 일제에는 위협이 되었다. 재기의 날을 기다리며 병력을 온전하게 보존하는 것, 그것이 당시 이강년 부대가 직면한 가장 큰 투쟁 목표였다.

일본군의 공세와 의진의 남하

달이 바뀌는 가운데 화악산 자락의 매서운 추위도 한결 누그러졌다. 눈과 얼음에 막혀 있던 길이 뚫리기 시작한 것은 위기 신호였다. 의병들은 눈과 얼음이 녹아내리는 모습을 '장성長城이 무너지는 것'처럼 느꼈다. 소강상태는 끝났다.

우수雨水 무렵부터 일본군이 의병의 거점을 향해 연이어 출몰하기 시작하였다. 2월 19일(1월 18일)과 27일(1월 26일)에 일본군이 의병의 근거지에 접근했다. 그들의 움직임은 속속 보고되었고 미리 대비할 수 있었다. 본격적인 충돌은 없었으나 다가올 싸움의 전조였다. 이강년이 화악산신華岳山神에 제사를 드린 것도 떠날 때가 되었음을 뜻하였다.

그러나 제사가 있었던 다음 날 본격적인 싸움이 시작되었다. 3월 19일(2월 17일), 관청리 쪽에서 일본군 30명이 주민을 몰아 앞세우고 기습해왔다. 미리 숨겨둔 후군 병력을 동원하여 교전 끝에 물리치고 대청동으로 돌아왔다. 이제 일본군은 의병의 본거지인 용소동까지 접근한 셈이었다.

22일에도 일본군이 밀어닥쳐 종일 접전하였다. 의병진의 인명 피해는 없었다고 하나, 이 전투는 이강년이 한때 실종되고 부하 장수들은 대장이 전사하였다며 통곡하였을 만큼 힘든

싸움이었다. 일본군이 남긴 기록에 따르면, 거릿내 쪽에 모여
들었던 의병 대부대가 3월에 가마타[謙田] 대위가 이끄는 춘천
수비대에 패했다고 하는데, 이강년 부대를 가리키는 것으로
보인다. 이 때문에 이강년 부대는 서쪽으로 산을 넘어 연곡(영
평)으로 옮길 수밖에 없었다. 일본군의 공세 때문에 근거지를
거의 포기할 만큼 충격이 만만찮았던 것을 짐작할 수 있다.
그 뒤로 이강년 부대는 송우松隅(포천 소흘읍 송우리) 장터, 갈기
葛基(포천 일동면 수입리. 운담 북쪽 마을), 청계淸溪(포천 일동면 가산
리)로 행군하였다. 그 과정에 청계에서는 포천 수비대와 힘겹
게 싸웠다. 후군장 신태식申泰植은 〈정미년 창의가〉에서 그때
의 전투를 다음과 같이 회고했다.

清溪洞 드르가서 金정성집 警通하니
청계동　　　　　　김　　　　경통

무른담이 積置한 베 八百餘石 錄紙왓네
　　　　　적치　　　팔백여석　녹지

翌日에 作米하여 士卒에게 賞給할제
익일　작미　　사졸　　　상급

썩씨기고 술얼걸너 含飽鼓腹 놀고나니
　　　　　　　　　　함포고복

抱川잇난 守備隊가 이를 갈고 달여든다
포천   수비대

죽기를 무릅쓰고 晝夜不得 接戰할제
                     주야부득 접전

말굽은 粉粉하고 霜雪은 潺潺한대
          분분   상설   잔잔

우뢰갓흔 鼓角喊聲 左右山川 녹여낸다
            고각함성   좌우산천

陣勢를 살펴보니 賊兵이 勝勝하다
진세   적병   승승

旗을 둘러 收軍하여 桃城岺 너머오니
기   수군   도성령

雲崗이 손을 잡고 落漏하고 하난말이
운강   낙루

天運이 이갓흐니 人力으로 못할지라
천운   인력

東峽을 行陣ᄒ여 後軍中軍 맛낸 후에
동협   행군   후군중군

다시 率軍하고 와서 이 雪冤ᄒ여 보셰.
      솔군   설원

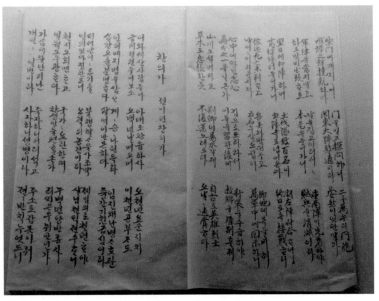

신태식(1864~1932)의 〈정미년창의가〉

여기서는 청계로 옮겨 무른담이, 곧 운담 마을 김 정승 댁의 후원을 받았던 일, 포천 수비대와 힘겹게 청계 전투를 치렀던 일, 동협東峽 곧 사군 지역으로 돌아가서 동지들과 만나 재기하려고 했던 이강년의 희망을 읊었다. 더는 화악산 자락에 머물 수 없었다.

용소동·청계에서 힘든 싸움을 치른 뒤, 이강년 부대는 도성령道成嶺(가평 북면 적목리에서 포천 이동면으로 이어지는 고개)을 넘어 동쪽 산간지대 쪽으로 다시 행군을 시작하였다. 두 달 동안 함께 행동했던 박장호 부대는 서북행을 선택하였다. 이강년 부대의 이러한 방침은 무모한 근기 지역 작전과 서북행 대신 근거지로 돌아가서 재기하겠다는 현실 노선이기도 하였다. 그러나 중군장 정해창 등, 이강년의 지휘를 받던 몇몇 의병장들은 현지에 남아서 계속 싸우는 길을 선택하였다.

이강년 부대는 노기魯基(논남기를 가리키는 듯)를 거쳐 광악리에 들러 22일 싸움에서 일본군이 소각한 마을에 들러 주민들을 위로하였다. 그 뒤 춘천 증운甑雲, 북면, 낭천 상간척리, 주평舟坪, 인제 서면, 과창리過倉里, 남면, 오색리五色里(양양 서면 오가리), 백담사百潭寺(인제 북면 용대리에 있는 절), 간성 신흥사神興寺(속초시 설악동에 있는 절), 오세암五歲庵(인제 북면에 있는 절), 사방사四方寺, 사동寺洞, 홍천 북면, 양양, 강릉 영곡靈谷(강릉 연곡면?) 등지를 거치며 동쪽으로 고된 행군을 거듭하였다. 4월 초에 인제에서 일본군 수비대가 이강년 부대를 습격한 기록도 있다.

부대를 옮기는 과정에 새로 합류하는 이들도 있었다. 박장호 부대의 선봉이었던 이춘화李春和가 합류하며 우익장이 되었고, 곽성천郭聖天·최동백崔東白 등의 소부대를 합치면서 부대를 재정비하였다. 백담사·홍천·양양 등지에서는 일본군과 접전하여 승리를 거두었는데, 동해안 지역 전투에는 길희정 吉熙貞이 주도한 것으로 보인다. 그는 이강년 휘하 중군장이 었는데, 인제·양구·강릉·양양 등지에서 위력을 떨쳤다고 한 다. 특히 5월에 있었던 인제의 천설령千雪嶺 전투 때 1천 명 넘는 병력을 동원하여 기세를 올렸는데, 이강년이 종종 천설 령에 가서 훈련과 봉기 상황을 시찰하였다고 한다. 이 전투 에는 1907년 12월에 강림에서 패한 뒤 북상에 참여하지 못하 고 오세암 등 영동 지역에서 활동하던 후군장 주광식도 합류 했을 것이다. 그러나 일본군의 '사단연합토벌' 때문에 인제에 서 펼친 작전은 성공하지 못했던 것으로 보인다.

이강년 부대가 남하하면서 남긴 전투 흔적은 삼척 지역에 서도 보인다. 5월 6일에 이강년·성익현·정경태鄭敬泰 등이 병 력 5백 명을 거느리고 삼척군에 열흘 가까이 출몰했다. 그 가운데 5월 9일(4월 1일)에는 부하 3백 명을 거느린 이강년이 양양읍을 공격하여 5시간이나 접전하였다고 한다. 원주 지 역 경찰은 복상골 전투 이후 쇠퇴했던 이강년 부대가 5월 무 렵부터 부활하기 시작하였다고 보았다.

뒤에 남았던 동지들의 활동

이강년 부대가 자리를 비웠던 동안 그의 활동 공간이었던 소백산 일대에는 변화가 일었다. 일본군의 초토화작전에 희생되었던 제천은 재건되고 있었다. 전국의 주목을 받으면서 추진된 제천의 재건 사업은 주로 의병 노선과 다른 길을 걸었던 계몽 운동 세력이 주도하였다. 이것은 결과적으로 제천의 의병 노선이 운동의 주도권을 위협받는 배경이 되기도 하였다.

이러한 가운데 의병들에 대한 집요한 귀순 공작, 은닉 무기류의 색출, 지하조직의 적발이 이루어졌다. 변장變裝 토벌대까지 조직하여 의병들을 추적하였고, 일진회는 주민들을 자위단自衛團 조직으로 묶어 의병들이 발을 붙이지 못하게 하고자 하였다. 일본 경찰의 통역을 맡았던 일제 앞잡이들의 전횡도 있었다. 그러나 의병들의 소부대 활동은 끊이지 않았다.

먼저 일제 측의 집요한 귀순 공작에 대하여 검토하기로 한다. 주력부대가 북상한 뒤, 이 지역에는 군수를 매개로 하여 면죄부를 조건으로 귀순 공작을 벌였다. 일제 측 자료에 1908년 2월 5일 단양 군수는 의병 가담자 15명의 '귀순'을 보

선유사의 회유에 대한 이명상의 답변

고하였다. 청풍 군수는 2월에 귀순한 의병 가담자 15명을 보고하면서, 면죄부 50장을 추가로 보내달라고 요청하였다. 같은 시기 충주 군수도 31명을 보고하였다. 과거 의병 활동에 대하여 책임을 묻지 않겠다는 회유 조치였다. 이런 과정에서 의병 세력이 상당 부분 위축되었다고 여겨진다.

회유 조치와 아울러 잔혹한 탄압이 병행되었다. 일제는 의병대가 감춰둔 무기와 의병 조직을 찾아내려 혈안이 되었다. 당시 의병들은 이동하거나 패주할 때 의병임을 감추고자 무기를 묻거나, 특별한 장소에 보관하는 경우가 많았다. 1월

5일에 제천으로 출동한 일본군 영천 수비대는 의병의 장비를 명암明岩(제천 봉양읍 명암리)의 농가에서 찾아냈다. 무기를 감추어주었던 집주인들, 김윤학金潤學·권영선權永先·이근백李根伯·이동인李東仁 등은 의병으로 간주되어 재판도 없이 운학동雲鶴洞(백운면 운학리 운학동)에서 총살당했으며, 그러한 희생은 가까운 신림 쪽에서도 잇달았다.

김상태(1862~1911)

　의병에 협조하는 민간 협조자들을 표기한 암호부가 노출되었다. 충주·청풍·단양 등지의 의병 협조자들 이름에 천자문 표기를 붙인 것으로 그 수는 200명이 넘었다. 일제는 의병 조직을 무너뜨리려고 경찰 수비대와 헌병대를 총동원하여 수배에 나서기도 했다.

　전반적으로 소강상태에 들어갔지만, 영춘·단양과 같은 산간지대를 중심으로 한 의병대의 출몰도 그치지 않았다. 백남규·정연철·김상태·이명상 같은 경우가 대표적이다. 군자금을 마련하려고 마을에 내려오는 일도 있었다.

　이강년이 북상한 뒤 1908년 5월 중순까지 눈에 띄는 의병 출몰 및 충돌 사례를 대략 살펴보기로 한다. 일제가 자료에서 폭도·비도·적賊으로 표현한 것과 신문에서 의도義徒·의병으로 표현한 것 가운데서 뽑은 것이다.

- 1월 8일(보도). 청풍군 조령에서 민영팔閔泳八·이명상 등의 의병이 순검대와 충돌.
- 1월 17일. 제천 근좌면 신대리新垈里(봉양읍 연박리)에 비도匪徒 40~50명이 출현하여 경찰과 충돌하고 팔송 쪽으로 이동. 어제는 청풍 덕산면에서 충주 개천안開川眼 쪽으로 비도 약 30명이 이동.
- 2월 8일. 제천에서 의도義徒 31명을 체포.
- 2월 16일. 제천 동북 입석리에서 의도 27명이 일본군과 교전.
- 2월 17일. 영춘 사지원리 비마루飛馬洞에 폭도 약 30명이 출몰하여 군자금 500냥 요구. 토벌대와 충돌한 뒤 도주.
- 2월 17일. 최근 연풍의 수회면(충주 수안보면 수회리)에 백남규 출몰.
- 3월 3일. 주천 서북방에서 의도 30명을 수비대가 습격.
- 3월 17일. 영월 삼량리에 변도총邊 都總(변학기) 이하 출몰.
- 3월 23일. 순흥의 덕산동德山洞 사점沙店(봉화 물야면 오전리 사기점?)에서 권참봉·김동규金東奎가 이끄는 적도가 출몰하여 격퇴.
- 3월 24일. 이강년의 부하 460명이 풍기군 상리면 백동白洞에 침입.
- 3월 24일. 단양 도기에서 의도 70명과 수비대가 교전.

- 3월부터 김상한 휘하 여러 부대가 행동을 개시. 15일에 단양분견소 헌병과 문경 동로면에서 충돌. 4월 9일에 민영팔이 덕산면에서 청풍분견소 헌병과 교전.

- 4월 8~9일. 제천 수비대장 이하 17명이 제천 서북 지역에서 적 4명을 체포. 다음 날 적 약 80명과 접전하여 격퇴.

- 4월 13일. 적 약 80명이 영춘의 별방리別芳里(단양 영춘면 원별방) 부근에 출몰함. 이튿날 영춘의 유암리遊岩里·명전리明田里(유암 서북쪽에 있는 마을)로 이동. 부근에서 폭도 모집에 힘씀. 영춘 남방 약 10리 고학산에 폭도 수괴가 있어 수시로 부하 14~15명을 영춘 부근으로 보내 일본군 동정을 정찰.

- 4월 14일. 문경 수비대가 파견한 변장대變裝隊가 내장달內獐達(문경 동로면 생달을 말함인 듯) 북쪽 고개에서 이명상이 이끄는 부대를 추적.

- 4월 17일. 영월군 아리동阿利洞에 채경천蔡景天이 인솔하는 적 약 70명이 모여들었음. 영춘 부근을 배회하여 분위기가 불온.

- 4월 17일. 단양 적성면 소야동所也洞에 폭도가 출몰하여 정찰. 근자의 폭도는 거의 간부뿐으로 빈번히 마을 사람을 선동하여 부하를 소집.

- 4월 17일. 충북 영춘 방면에서 경북 춘양 서벽리 부근에 폭도 내습. 대구 헌병대 병사들이 정연철·김상태 등이 이끄는 적도 약

80명과 봉서동鳳棲洞에서 접전하여 소천면 쪽으로 격퇴.

– 4월 18일. 주천 방면을 정찰한 결과, 폭도 약 20명이 4일 전에 그 곳에 와서 하룻밤 자고 두룡斗隆 방향으로 이동. 17일에 적 8명이 둔창屯倉(제천 북 50리)에 잔류하고 있다는 보고를 듣고 토벌대 파견. 19일에는 8명이 숙영宿營하고 있는 곳을 야습하여 3명을 포로로 하고 총기 압수.

– 4월 20일. 이강년이 강원도에서 와서 조만간 내성乃城을 습격한다고 공언.

– 4월 21일. 단양·청풍 지역은 질서 회복 못함. 이명상·이기조李起照·하선봉河先鋒·이주사李主事 등이 출몰.

– 4월 23일. 영월군으로 귀환하던 일본 수비병이 제천 등지에서 의병 40여 명을 만나 교전.

– 4월 24일. 의병 50여 명이 순흥을 습격하여 면장 아들을 죽이고 마이령을 넘어 퇴각.

– 4월 25일. 이강년이 폭도 약 400명을 이끌고 백동白洞에 침투하였다는 정보를 듣고 풍기 쪽으로 출동.

– 4월 25일. 충주 동방 제천 수비대에서 파견한 병졸 3명이 적 8명을 습격하여 3명을 체포.

– 4월 29일. 영춘 사지원에 폭도 약 60명 출몰. 30일에 흥교興敎에서 1시간 동안 교전.

- 4월 30일. 영춘 서방에서 의병 60명과 토벌대가 순사 5명과 충돌.
- 5월 4일. 영월 수비대에서 제천을 향해 가던 연락병 3명이 적과 마주쳐 1명을 죽임.
- 5월 4일. 충주 수비대, 청풍의 방흥동에서 숙영하던 적도 25명을 공격하여 수괴 백학선白鶴善 이하 6명을 죽이고 2명을 사로잡음.
- 5월 8일. 단양 북쪽 5리 되는 곳에서 의병과 수비대가 교전.
- 5월 9일. 영춘의 여천리麗川里(단양 가곡면 여천리)에 이강년 휘하 원건상이 이끄는 적 100명가량이 침투. 수비대 급파. 30분 동안 교전.
- 5월 12일. 단양 수비대가 삼산동三山洞(단양 매포읍 하시리 굿말) 일대에서 폭도 약 100명과 교전. 적장은 채蔡 아무개라 함.

이처럼 이강년이 자리를 비운 동안에도 의병 활동이 이어졌다. 그리고 얼핏 보기에도 겨울 동안 뜸하던 의병 활동이 날이 풀리면서 활발해진 것을 알 수 있다. 이러한 보고 가운데는 사실과 다른 것도 있다. 예컨대 4월 25일 보고 가운데 이강년 부대의 공격에 관한 정보는 잘못된 것이었다. 이강년 부대에 속했던 의병들을 가리키는 것일 수 있고, 이강년과 별관련 없는 부대가 짐짓 이강년 부대라고 자처하여 위세를 과시하기도 했던 것을 짐작할 수 있다.

내용이야 어떻든 의병대의 출몰은 일제를 긴장시키고 있었다. 특히 이명상·하한서 부대가 활동한 단양·청풍 지역 같은 곳은 4월 중순에 보고한 다음의 자료가 말해주듯 의병들이 사실상 장악하였다.

수비대가 있는 지역을 중심으로 약 15리 떨어진 범위 바깥은 아직 적도의 세력범위 안에 있는 것 같다. 항상 10명 내지 30~40명씩 무리를 이룬 폭도가 배회하고 있다.

이에 따라 영춘 군수 같은 경우, 일본군이 주둔하지 않으면 부임하지 않고 돌아가겠다며 피난하여 부임을 회피하는 실정이었다. 그리고 그들은 소백산맥을 끼고 있는 영남 북부 지역에서도 활동을 펼쳤다. 5월 14일에 남부수비관구 사령관이 내부 경찰국장에게 보고한 문서에 따르면, 이강년의 부장인 이참봉 등이 인솔하는 의병 약 300명이 적성 부근에서 활동하였다. 현지에서 이강년의 명망을 넘어섰다는 이참봉은 단양에서 봉기한 의병장 이명상이 아닌가 한다. 이강년보다 명망이 높았다는 것은 이강년이 자리를 비운 가운데 남쪽에 남았던 여러 부장들의 독자성이 커지고 있었음을 말해준다. 일찍이 호좌의진의 휘하에서 활동했던 김상태나 백남규도 마찬가지였을 것으로 짐작한다.

서벽·재산 전투

　인제·삼척 등을 거치면서 남하한 이강년 부대가 영월의 상동으로 돌아온 것은 5월 중순쯤이었던 것 같다. 이때 이강년은 삼척 지역의 전투에서 합류한 김상인金相寅·박흥록朴興錄 등의 병력까지 인솔하고 있었다. 그는 상동의 운기리雲基里(상동읍 내덕리의 삼랑리 서북 마을인 구름재)에서 백남규·권용일 등의 간부들과 반년 만에 만났다. 충청도와 경상도, 강원도를 넘나들면서 활동해온 그들과 만난 일은 새로운 투쟁의 시작을 의미하는 것이었다. 당시 이강년의 옛 동지들은 그곳에서 멀지 않은 봉화 북부의 서벽西碧(봉화 춘양면 서벽리)에서 여러 의진을 규합하여 일본군과 맞서는 작전을 꾀하고 있었다. 이강년은 병력을 천평川坪(영월 상동읍 천평리) 쪽으로 옮겨 정비하면서 서벽 전투를 준비하였다.

　이러한 움직임을 일제는 대충 파악하고 있었다. 천평에 대부대가 집결하고 있는 것, 서벽으로 모여드는 의병들이 김상태·변학기·성익현成益鉉·정경태·정연철 등 일찍이 이강년의 휘하에서 활동하던 의병장들이 이끈다는 것까지 대강 알고 있었다. 당시 의병들은 병력 수를 1500여 명, 또는 2000명이라고 일컬을 만큼 대규모였다고 한다. 그들은 새터新基(서벽의 동남 8킬로미터. 춘양면 도심리)·죽기竹基(서벽의 동남 4킬로미터) 등지에서 식량을 징발하여 준비를 갖추면서 경계를 강화하였다. 그리고 장차 봉화(당시 봉화군의 소재지인 내성)와 영천榮川을 습격할 것이라고 공언했다.

일제는 선제공격으로 서벽에 모여드는 의병을 무력화하고자 했다. 그래서 새벽에 한 부대는 덕산德山(봉화 물야면 오전리 덕고개)을 거쳐 주실령朱實嶺(서벽에서 물야면 오전리 새마을로 이어짐)을 넘어 서벽으로 들어가고, 다른 부대는 내성乃城(봉화면 포저리)에서 가부치加富峙(봉화 봉성면 우곡리에서 춘양면 도심리로 이어짐)를 넘어 죽기를 거쳐 서벽으로 나아가서 양면에서 협공하고자 했다. 영천 수비대 말고도 내성·영천·풍기 등지에서 순검 등 약 30명을 동원하였다.

그러나 일본 군경의 공격에 의병들의 저항도 완강했다. 서벽으로 접근하는 주요 통로인 고갯마루에 척후를 세워 경비를 강화했다. 5월 17일(4월 18일) 새벽에 일본의 군경이 가부치를 넘어 서벽 마을 입구에 나타나자 매복하였던 의병들이 일제히 사격하여 이들을 막았다. 그리고 수적 우위를 이용하여 포위하여 우에하라[上原] 오장伍長과 일본인 순사 둘, 한인 순사 하나, 통역 1명 등 5명을 잡아 목 베어버렸다. 토벌대는 황급히 달아났다. 이보다 조금 앞서 덕산 쪽에서 주실령으로

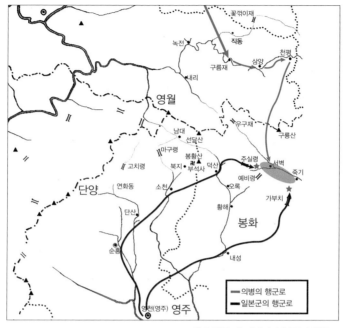

서벽 전투 때 의병과 일본군의 행군로

넘어오는 일본 군경을 경계하던 의병들도 적이 고개를 넘자마자 사격으로 제압하였다. 일본 토벌대는 의병들이 퇴로를 끊어버릴까 두려워하여 덕산으로 물러섰다.

이튿날 이강년은 승세를 몰아 내성까지 진출하였다. 의병의 공세가 심해지자 안동 수비대 병력을 중심으로 영천·예천 등지에서 증원대 수십 명이 출동하여 토벌대를 응원하였다.

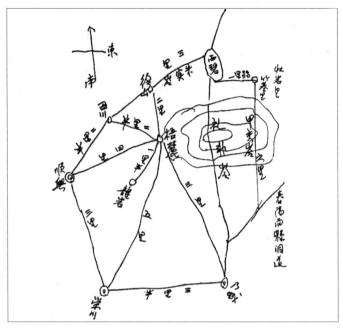

서벽 전투 때 일제가 작성한 약도

당시 이들 지역의 주재소에는 압도적인 의병의 공세를 막아
낼 만한 병력이 부족했고, 보호해야 할 일본 상인, 친일 인
사들이 많았기 때문이다.

전투는 오전 9시부터 시작하여 7시간 넘게 지속되었다. 오
후 들어 의병대는 일본군의 완강한 저항에 동요하면서 차츰
물러서기 시작했다. 다음 날에는 오록梧麓(봉화 물야면 오록리.

내성 북쪽 10킬로미터), 황해黃海(내성 북쪽 6킬로미터) 등에서 접전을 벌이며 점차 병력을 여럿으로 나누어 후퇴하였다. 일부는 주실령과 우구재(춘양면 우구티리에서 영월 상동으로 넘어가는 고개)를 거쳐 북상했고, 일부는 봉황산 마구재(부석면에서 단양 영춘면으로 넘어가는 고개)를 넘어 의풍 쪽으로 물러섰다.

이처럼 며칠에 걸쳐 벌어진 서벽·내성 지역 전투는 그 병력의 규모나 일제 측에 미친 충격 면에서 인상적이었다. 분산 활동을 벌이던 이 지역의 여러 의병대가 공동으로 전선을 폈으며, 한때 영천을 위협할 만큼 기세가 등등했다. 그리고 전투 초기 토벌대에게 치욕적인 패배를 안겨주었다는 점에서 기억할 만한 전투였다. 일본군은 인근의 수비대 병력과 경찰력을 동원하여 의병들을 제압하고자 하였으나, 의병대는 분산하여 포위망을 벗어나버렸다.

얼마 뒤 이강년 부대는 병력을 동남쪽의 일월산日月山 근처로 옮겼다. 6월 4일, 예안 수비대장 가와노〔河野〕 중위가 병력 20명을 이끌고 재산才山(봉화 재산면 현동리) 지역을 수색하고자 출동하였다. 이강년은 백남규·하한서·성익현·이만원·권용일 등을 재산의 좌우측 고지에 매복시키고 남산에 올라가 전군을 지휘하였다. 그리고 의병 복장으로 위장하고 접근하는 일본군을 짐짓 받아들이는 체하다가 복병을 일으켜 태반을 사살하였다.

그러나 접전 과정에서 의병 쪽의 피해도 적지 않았다. 대승을 거두었다고 기록한 《운강선생창의일록》에서도 의병 10여 명이 전사하였다고 하였으며, 일본 쪽의 자료에는 70명이 넘는 의병의 시신을 남기고 의병대가 퇴각하였다고 하였기 때문이다.

한편 《창의사실기》에서는 서벽·재산 등지에서 있었던 군사작전을 직접 언급하지 않고 다음과 같이 표현했다.

이때 공은 군사들을 이끌고 호남湖南으로 향하려는 계획을 결정하였다. 따라서 삼척 땅을 지나 태백산·소백산을 지나는 영외嶺外의 길을 따르려고 남쪽을 향해 진군하였다. 적병이 사방에서 추적하여 뜻 같지 않았으므로 비로소 영내嶺內로 향하여 황지黃池를 거쳐 화절치花節峙에 이르러 김상태와 서로 만났다가 곧 나뉘었다.

여기서 '영외'와 '영내'는 백두대간의 남쪽과 북쪽을 뜻한다. 따라서 경상도 쪽에서 행군하다가 일본군과 충돌하여 상황이 뜻 같지 않았기 때문에 북쪽으로 다시 이동하였다는 것이다. 이는 서벽 전투를 이강년이 주도하고, 그 성과도 대단했다는 일반의 평가와는 다른 느낌을 준다.

그러나 서벽·재산 전투를 이강년 부대 쪽에서 주도하였던 것은 사실인 듯하다. 다만 이 전투를 처음에 기획한 것은 이강년이 북상했던 동안 남쪽에 남아서 독자적으로 활동하며 역량을 키웠던 옛 동료들이었고, 삼척 전투를 치르고 남쪽으로 내려온 이강년이 이를 지휘한 것으로 보는 것이 온당할 것이다.

작성산鵲城山의 패전

이강년은 서벽·재산 등에서 격전을 치르고 난 뒤 태백산·소백산 자락 남쪽으로 행군하는 것을 포기하고 황지黃池(태백 황지리)를 거쳐 꽃꺾이재(정선의 사북에서 영월의 중동면 직동으로 가는 고개. 화절치)를 넘었다. 그곳은 이강년 부대가 주로 활동을 펼쳤던 지역이었다. 그곳에서 중군장 김상태를 잠시 만나고, 다시 병력을 나누어 영월군 상동을 거쳐 묵동墨洞(영월읍 삼옥리 먹골)과 광탄을 지나 6월 21일(5월 23일)에는 제천의 송한에 이르렀다. 새롭게 출발하고자 배향산에 감추어둔 탄환을 찾으려는 것이었다.

송한에서 이강년은 동임에게 제천읍에 보고하도록 하여 토벌대를 유인하고, 소암골蘇岩谷(송학면 오미 서남쪽 2킬로미터 소바위)에 들어가 기다렸다. 이튿날 수비대가 이르자 반나절 동안 맞서 싸우다가 물러섰다.

이 무렵 이강년의 행군은 배향산에 감춰둔 탄환을 찾으려는 것이었다. 원주진위대에서 얻은 신식 무기는 화승총과 달라서 손으로 만든 탄환으로는 감당하기 어려웠기 때문에 탄환을 확보하는 일이 매우 중요했다. 그러나 전군장 윤기영 휘하의 영솔領率이었던 채경묵蔡敬黙이 이를 감추고 제대로 협조하지 않는 바람에 일부만을 찾을 수 있었다. 두덕동杜德洞(오미리 북쪽 8킬로미터의 두산리)에 들어가 박태식朴台植 등을 만나보고 동북으로 방향을 바꾸어 사자산獅子山(평창 서쪽 12킬로미터. 평창·횡성·영월의 경계에 있는 산)에 들어가 며칠 동안 군사들을 쉬게 하였다.

이 무렵 이강년 부대는 심각한 위기에 부딪쳤다. 처음에 목표로 삼았던 남하도 좌절되고, 탄환 공급도 여의치 않았다. 원주 수비대의 집요한 추적을 받아 대화의 계동桂洞(평창 방림면 계촌리)에서는 큰 타격을 입었다. 영남에 머무르던 중군장 김상태에게 북상하여 함께 싸울 것을 독촉하였으나 뜻을 이루지 못했다. 단양·청풍 지역에서도 6월 25일(5월 27일)부터는 제천 수비대를 중심으로 대규모 '토벌작전'이 펼쳐졌다.

이강년은 상황이 매우 어려워졌음을 알았다. 의병 활동 자료 등을 주현삼朱鉉三에게 주어 박정수朴貞洙에게 보내는 등 신변을 정리하였다거나, 일시 의병을 해산하였다가 시기를 보아 다시 창의하도록 휘하 소부대에게 지시하였던 것은 그 때문이었다. 그는 병력을 영춘·청풍 쪽의 산간지대로 이동시켜 어려운 시기를 넘기려고 하였다. 주천에서 영월 무동舞童(영월 한반도면 쌍룡리 남쪽 마을)을 거쳐 영춘 돌다리(단양 어상천 석교리)에 이르렀고, 이어 청풍의 능강綾江(제천 수산면 능강)을 목표로 하여 영춘의 산간지대를 행군하였다. 일본군이 뱃길을 끊어놓기는 했지만, 능강으로 가면 소금배를 얻어 탈 수 있으리라고 생각하였던 것이다.

그러나 작성산鵲城山(제천 금성면 중전리·포전리에 있는 산. 금수산 북쪽 산자락인데, 까치산성이 있기 때문에 까치성산이라고도 함)에 이르러 장맛비를 만나고 말았다. 마침 이 지역에는 단양에서 출발한 수비대 아오지마[靑嶋] 소위 이하 일본군 21명이 제천 경찰서의 순사들과 함께 두 방향으로 나뉘어 정찰 활동을 하고 있었다. 7월 1일(6월 3일)부터 이강년 부대는 적성면 소야동 쪽을 정찰하던 경찰·헌병대 6명의 추적을 받기 시작하였다. 그리고 이튿날 새벽, 이강년과 의병 70여 명은

작성산 절매재(중앙고속도로 제천터널 통과 지점)

절매재(단양 적성면 상원곡리에서 제천 금성면 포전리로 넘어가는 고
개)를 넘다가 일본군에게 공격을 받았다.

이강년은 발목에 총상을 입고 계곡으로 몸을 피했다. 그
러나 전사한 의병들의 시신을 점검하던 모리[森] 순사가 문
서와 인장함을 움켜쥐고 전사한 소년 병사를 보았다. 의병
대장이 부근에 있다는 증거였다. 결국 의병대장 이강년은
체포되었다. 1908년 7월 2일(6월 4일)이었다.

이 전투에서 도선봉 하한서를 비롯한 장졸 7명이 전사하
였다. 이강년은 마을 사람들에게 시신을 잘 묻어달라고 부

탁하고 십수년 동안 전쟁터로 삼았던 땅을 뒤로 한 채 서울로 압송되었다. 마지막 싸움이 그를 기다리고 있었다.

제4장

영원한 의병장 이강년

이강년의 순국과 현창顯彰

이강년은 충주를 거쳐 서울로 압송되었다. 지나는 곳마다 어리석은 이들까지 달려 나와 눈물을 흘렸다고 한다. 엿새 만에 일본군 수십 명의 호위 속에 인력거를 타고 서울에 입성하였는데, 그 모습은 '붉은 얼굴에 흰 수염이 나부끼는데 좌우를 돌아보며 의기가 태연하였다'고 보도되었다.

일본군 사령부에서 취조받은 이강년은 9월 1일에 경성지방재판소로 옮겨졌다. 이강년은 이토를 꾸짖겠다면서 기세가 당당했다. 의병을 일으킨 까닭에 대하여 '도적의 무리를 쳐서 나라가 망하는 것을 지키려 했을 뿐'이라고 주장하고, '선비는 죽일 수 있으나 욕보일 수 없는 법'이라며 당당히 맞섰다. 공세公稅를 빼앗은 것에 대하여 신문하니 국가를 위한 일에 국가의 재물을 쓴 것은 당연하다고 맞서면서, 형세가 미치지 못한다 하여 군주가 위협을 받고 있는데도 도적을 위해 일하면서 봉급을 받아먹는 것이 잘못이라고 꾸짖었다.

길기도 해라, 여름날. 인적조차 드물구나	遲遲夏日見人稀
교활한 오랑캐는 말끝마다 살길을 찾으라네.	猾虜隨言覓括機
이 한 몸 존왕양이 대의를 짊어지고	身上直擔尊攘義
당당히 죽으려네, 슬프다는 말을 마오.	堂堂就死莫云悲

성패를 어찌 모름지기 말하랴	成敗何須說
조용히 말한 바를 실천에 옮겼네.	從容如踐言
붉은 마음을 북돋아 기른 덕분이니	丹心培養驗
나라의 은혜에 감격하여 우노라.	感泣聖朝恩

이 두 편의 시는 이강년이 옥중에서 남긴 절명시이다. 그는 자신의 삶과 죽음을 명확하게 정의했다. 존왕양이尊王攘夷의 대의를 좇으며 살았으니 슬플 것이 없으며, 그러한 도리를 가르쳐준 나라의 은혜에 감사한다는 내용이다.

순국을 앞두고는 동지 사우들, 종제인 강수, 큰아들 승재承宰에게 이별을 알리는 글을 남겼다. 아들에게 남긴 유서에는 평생 소원이 '왕사王事(종묘사직을 위한 일)'에 죽는 것이었

순국하던 날, 옥문 밖에서 시신을 수습하던 날의 기록 〈애감록哀感錄〉

는데 이제 뜻을 이루게 되었다면서, 13년 동안 '복수보형復讎保形(원수를 갚고 우리의 문화를 보존함)'하는 의병에 종사했는데, 원수를 갚지 못한 것이 한스럽다고 하였다. 또한 '세력에는 강약이 있으나 의리에는 굴신屈伸(굽히고 펴는 것)이 있을 수 없다'면서 죽음을 명예롭게 받아들였다. 아울러 조상의 묘소를 어찌 관리할 것인지, 종중宗中에 진 빚을 어찌 갚을 것인지, 빌려온 책을 돌려주는 문제 등을 일일이 지시하고, 장례를 소박하게 할 것이며, 고향 가는 길이 너무 머니 과천에 있는 효령대군의 산소 부근에 묏자리를 얻어보라고 부탁했다. 사형 집행을 앞두고 승재가 옥으로 달려가니 '나를 살리

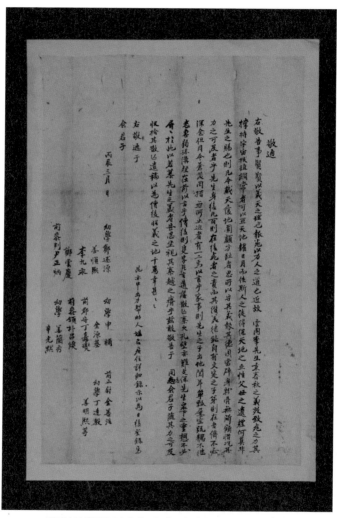

이강년의 행적을 남기려는 동지들의 정성이 담긴 통문인 '경통敬通'(1916)

려고 도적에게 부탁하면 내 자식이 아니다'라고 결연하게 말했다.

10월 13일(9월 19일) 오전 서대문 형무소에서 교수형이 집행되었다. 이강년은 형 집행을 앞두고 술을 권하는 교도관에게 '술을 좋아한다 해도 어찌 왜놈의 술을 마시겠느냐?' 하면서 거절하고, 일본 승려가 염불하려 하는 것도 쫓아버렸다. 목을 매고 난 뒤 바지가 흘러내리니 묶인 손으로 14분동안이나 붙잡고 있었다고 한다. 장례를 치르면서 염하는 날에 살펴보니 옥에서 빗질하여 빠진 머리털을 태운 재까지 간직하여 몸에 지니고 있을 만큼 선비다운 몸가짐에 철저했다.

순국할 때 그의 나이 쉰 하나였다. 자손으로는 아들 셋과 딸 하나를 남겼다. 승재·긍재兢宰·명재明宰 삼형제와 김양호金養浩에게 시집간 딸이 있었다. 승재와 딸은 서른을 겨우 넘기고 별세한 첫째 부인 안동김씨 소생이고, 나머지 두 아들은 재취再娶인 안동권씨 소생이다.

이강년의 시신은 유언에 따라 잠시 과천에 있는 효령대군 묘소 부근에 묻혔다가 두 달만에 제천으로 반장返葬하였다. 강수명 등 의병 동지들이 이를 주선하였다. 무덤이 있는 장치미(제천 두학동 텃골 북쪽) 마을 동쪽 산자락은 이강년이 자주 드나들며 의병 일을 논의하던 박약재에서 멀지 않은 곳이

옛 묘소 터에서 내려다 본 두학의 장치미 마을

었다. 그리고 3년 뒤, 이강년을 이어 '호좌의진'을 이끌다가
대구형무소에서 순국한 김상태도 '저승에 가서도 서로 의지
하며 싸우겠다'던 맹세를 좇아 옛 동지의 무덤 곁으로 왔다.

　이강년은 순국한 뒤에도 잊히지 않았다. 가혹한 일제강점
기 아래 의병에 대한 이야기라면 '초가지붕 아래에서 주고받
는 말까지 용납되지 않는' 상황에서, 그의 행적을 정리하는 계
기가 마련되었다. 1916년 한식寒食에 이강년의 묘소에 모여든
정술원鄭述遠 등 옛 동지 14명이 주도하여 이강년의 유족들을
구호하고 흩어진 원고를 수습하여 후세에 전하는 문제를 들고
나왔다. 동지들에게 은밀하게 돌린 통문인 '경통敬通'이 그것

이다. 그들은 '도와주는 이들의 이름과 거주지를 적어 후세에 전하겠다'는 주석까지 덧붙인 통문을 돌렸다. 그때가 무단통치 시기였음을 생각할 때 이런 행위는 역사 기억을 통한 투쟁 선언이었고, 새로운 형태의 의병 봉기였다.

이강년의 의병 투쟁을 정리하는 일은 박정수가 맡았다. 그가 일을 마무리하지 못하고 병석에 눕자 강순희姜順熙가 대신 붓을 잡았고, 그해 말에는 3책으로 된 《운강선생유고雲岡先生遺稿》를 일단락지을 수 있었다. 그 가운데 이강년의 의병 활동 내용을 강목체綱目體로 정리한 것이 《창의사실기》이다. 이들 자료는 필사본 형태로 박약재의 기왓장 속에 비밀스럽게 감춰졌고, 30년 가까운 세월을 견딘 뒤에야 비로소 광복光復의 날을 맞을 수 있었다.

광복 뒤에 이강년에 대한 현창 사업이 시작되었다. 1948년에는 《창의사실기》를 바탕으로 《운강선생창의일록》을 편찬하고, 이듬해에 《운강선생유고》를 바탕으로 《운강선생문집雲崗先生文集》 또한 목판본으로 편찬하였는데, 모두 목판본으로 간행하여 보급했다. 적지 않은 비용이 들었는데, 문경의 용궁(지금의 예천 용궁면)에 있는 나암재蘿菴齋에서 주관하고 문경을 중심으로 여러 문중, 향교를 중심으로 유림 쪽 인사들이 이를 뒷받침했다. 이러한 분위기에서 이강년의 묘소를 장치미에서

영정(운강이강년기념관 제공)　　　　　　이강년의 묘소(상주 화북면 입석리)

상주 화북면 입석리로 이장하였다.

　현창 사업을 하면서 많은 곡절이 있었다. 필사본으로 정리한 자료들을 목판본으로 옮기면서 이강년을 '전국도창의대장'으로 추존追尊하기 시작한 것이다. 《운강선생창의일록》에는 고종에게서 비밀스럽게 받았다는 '칙령勅令'을 실었고, 《창의사실기》 기록 가운데 논란이 될 만한 부분을 깎아내고 투쟁 기록을 과장하였다. 1949년에는 영남 북부의 여러 문중이 참여하는 '전국도창의대장운강이강년선생유계발기문全國都倡義大將雲崗李康秊先生儒稧發起文'도 나왔다. 그리고 이러한 정서는 2002년에 문경 완장리에 '운강이강년기념관'을 세우고, 근

《창의사실기》(1916)와 《운강선생창의일록》(1948)에 나타난 제천 전투

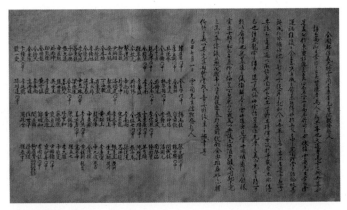

유계발기문(1949)

년에 재상급의 복색을 한 영정影幀을 새로 제작하기까지 이어
지는 형편이다.

일찍이 유인석의 제자인 윤정학尹正學은 이강년의 영전에
바친 글에서 대략 다음과 같이 이강년의 행적을 평가했다.

아득한 예부터, 온 세상에는 도道에 죽고 의義에 죽은 자, 뜻이
커서 온 세상에 위대한 이름을 세운 자, 만세토록 이르는 자가 결
코 적지 않습니다. 그러나 (⋯⋯) 어떤 이는 때를 잘 얻었고, 어떤
이는 지위를 얻었으며, 어떤 이는 세력을 얻었으니, 그런 것을 얻
지 못하고도 그만한 일을 한 사람은 운강 한 사람밖에 없습니다.

제문에서 보듯이 이강년의 위대함은 때를 얻지 못하였고,
지위를 갖지도 못하였고, 세력을 얻지도 못하였으면서도 의
리를 붙들고 놓지 않았던 데 있다. 《삼국지연의三國志演義》에
나 나올 법한 영웅담으로 이강년을 부각하려는 것은 선열에
게 영광을 바치는 옳은 길이 아니다. 이강년은 정부에서 건
국공로훈장 대한민국장을 추서(1962)할 만큼 위대한 의병장
이었지만, 후대 사람들은 잘못된 현창 방식으로 그에게 많
은 죄를 지었다. 이강년이 평생 지키려 했던 신념에 비춰 볼
때, 그것은 이강년이 바라는 바가 전혀 아니다.

이강년 부대의 성격

이강년을 언급할 때 그가 '도창의대장都倡義大將'인가 '호좌의병대장'인가 하는 문제는 논쟁적이다. 이는 그가 전국의 의병을 지휘하라는 고종의 밀지를 받고 '도체찰사都體察使'의 지위를 부여받았다는 《운강선생창의일록》의 기록 때문이다.

그러나 전시에 정승급 관료에게 부여하는 도체찰사의 지위를 관료 경력도 없는 이강년에게 내렸다는 것을 그대로 믿기는 어렵다. 또한 《창의사실기》에는 '의병장 이인영이 밀지를 받았다고 주장한다'는 기록만 있을 뿐, 이강년이 밀지를 받았는가에 대하여는 언급이 없다. 순국 당시에 바쳐진 수많은 제문에도 그런 내용은 없다.

그러나 이강년이 여러 의진 사이에서 연대를 주도하는 지도력을 행사했던 것은 확실하다. 당시 여러 의진이 난립하던 시기였고, 그들은 별 수 없이 농민들에게 많은 부분을 의지했다. 이러한 상황은 의병을 뒷바라지하는 농민들의 처지에서 감당하기 어려웠다. 따라서 이강년이 농민에 대한 자의적인 수취를 최소화하고 호곡과 결전을 끌어다 쓰는 것을 원칙으로 내세운 것은 주목할 만한 조치였다. 그러한 명분 아래 다른 의진을 단속하고 농민들에 대한 수취를 통제하는 상황은 농민들에게 환영받을 만한 것이었다.

권위 있는 의진에 기대는 것은 군소 의진의 처지에서도 유리했다. 농민들의 동의 아래 일정 지역을 배타적으로 지배하면서 물자를 동원할 수 있는 힘을 지녔던 유력한 의진과 연대하면 군량을 안정적으로 공급받을 가능성이 늘어나기 때문이다. 이강년 부대가 조동교·이명상·김현규 등의 부대와 연합하면서 군량과 옷가지를 골고루 나눠주었던 것이 좋은 사례이다.

유력한 의진과 연대하는 것은 군사적인 면에서도 유리했다. 공동작전을 펼쳐 투쟁 성과를 더 올릴 수 있었고, '토벌'의 위협에서 보호받을 수도 있었기 때문이다. 이런 이점 때문에 군소의진은 이강년의 호좌의진과 연대하거나, 연대한 것처럼 행세했다. 연대한 척만 해도 일본 군경과 맞설 때 그들에게 적지 않은 위압감을 줄 수 있었다.

이런 면에서 볼 때 의병장 이강년은 주목할 만한 지도자였다. 을미의병기 이래 호좌의진을 계승한 지도자로서 권위가 있었고, 화서학파 학자들을 중심으로 수많은 지지자들이 있었으며, 군기를 엄격하게 유지하여 민심을 얻고 있었기 때문이다. 이강년 부대가 화악산에 머물던 시기의 다음 신문 기사는 그의 권위가 어디서 나왔는지를 짐작할 수 있게 한다.

의병장 리강년 씨는 원래 을미년에 창의한 사람인데 지난해 7협약이 성립된 뒤에 다시 산속에서 궐기하여 의병의 깃발을 세우고 동지를 모집한 지 지금까지 여러 달이다. 크고 작은 수십 차례 전투에서 언제나 사졸 앞에 섰고 포환을 친히 무릅쓰니 그가 쓴 갓은 적의 탄환에 부서져 형태만 남았고, 그 몸도 중상을 입은 곳이 무수하며, 휘하의 사졸과 감고를 반드시 함께하여 비록 극도로 추운 날에도 늘 홑옷을 입으니 그를 수행하는 사위가 추위의 고통을 이기지 못하여 부하 병사의 솜옷을 빌려 있었더니 씨가 대노하여 군령으로 형벌을 가하였고, 행군하여 지나갈 때 털끝만큼도 범하는 것이 없기에 일본 사람들도 그의 사람됨에 대하여 혀를 차며 칭찬한다더라.

《대한매일신보》 1908년 1월 5일

이처럼 이강년은 국왕이 내려준 지위가 아니라 투철한 신념, 의병 투쟁의 과정에서 그가 쌓아올린 지도력으로 의병 지도자가 되었다. 수많은 군소 의진이 그의 휘하에 들어오거나 연대했다. 이념적 지향이 비슷한 남필원·박장호·이명상 부대 등 유생 의병장이 이끄는 의진과 자주 연대했고, 민긍호 부대나 조동교 부대 등 해산 군인이 이끄는 의진과는 갈등하면서도 연대했다.

의진 사이에 연대를 주도한다 하여 오늘날의 군대처럼 엄격한 상하 관계로 묶이는 것은 아니었다. 대개 '혹은 합치고 혹은 나뉘어서' 활동하는 수준에서 이뤄지는 부대 사이의 느슨한 연합이 대부분이었다. 하나의 의진이 여러 유력한 의진과 동시에 느슨한 상하 관계를 맺는 일은 대단히 흔했다. 그것은 당시 의병대의 편제가 지니는 미숙성을 반영하기도 하지만, 끊임없이 이동하면서 상황에 따라 융통성을 발휘해야 하는 유격 활동의 상황을 반영하는 것이기도 하였다.

다음으로 이강년 부대가 보여주었던 '전투 의병'의 측면을 보기로 한다. 을미의병기의 의진이 '시위示威 의병' 요소가 많았던 것에 견주어 군대 해산 뒤의 의병은 매우 전투적이었다. 이강년 부대의 기록에 끊임없는 전투와 행군의 과정이 나타나는 것은 이를 잘 보여준다. 이는 일본군만이 아니라 추위와 굶주림과 맞서는 장엄한 투쟁이기도 했다.

정탐이 보고하기를, 적 마흔 명이 단양의 남면南面을 엿보고, 스물다섯 명은 장림長林을 노린다고 하였다. 이에 모든 부대가 죽령의 주 봉우리에 올라 장차 풍기의 빈 병참을 공격하려 하였다. 조금 있다가 남북의 적군이 급히 매바위 좁은 길목에 이르러 갈 길을 가로막으면서 갑자기 사격하여 아군을 죽였다. 적에

士卒俱困休兵一日屠牛犒軍聞賊警令左右先

鋒伏兵于舍人嶺後上同

癸亥合戰獲賊四級戎馬一匹

昧爽賊至砲聲大依全陣出戰獲賊四級戎馬一

匹賊退走我軍一人亦受傷焉上同

甲子大戰終日不利

探報四十賊峴南面二十五賊圍長林全陣登竹

嶺主峯將攻豐基空站少頃南北賊懲至賡山岩隆

口橫截去路斫地放敎我軍抵散不得橫走小白

山頂公最後危坐谷口巖下號令各軍放是西先

鋒登左右嶺放砲將前親兵隱身岩間放九賊得

不敢近逼間關抵頭嶺初冬風雪砲人肥骨加之

終日飢渴士卒顆仆丹邑朴砲新赴未幾不習軍

削落後在嶺至夜凍餒而死憐不忍言○淸風

士人從頭進抱病咳喘行步不利從別陣追後碎

當賊臺隱伏後竟爲所擒至蘂川賊站大罵不

屈死之同

乙丑是兵永春上同

飯踰高嶺同

寶山中火抵永春邑歇下里中火抵玄谷義豊多

《창의사실기》의 행군 기록

저항하였으나 버티지 못하고 소백산 꼭대기로 달아났다. 공이
최후까지 골짜기 입구의 바위 아래에 반듯이 앉아 각 부대를 지
휘하였다. 이에 좌우 선봉이 좌우의 산비탈에 올라 사격하고,
대장이 친히 거느린 병사들이 바위 사이에 몸을 숨겨 사격하니,
적이 감히 가까이 다가오지는 못하였다.

험한 길을 따라 산마루에 이르니 초겨울의 눈보라가 사람의 살
가죽과 뼈를 찌르는 듯하였고 게다가 종일토록 굶주리고 목마른
병사들이 엎어지고 쓰러졌다. 단양 고을의 박 포수는 새로 들어

온 지 얼마 안 되어 군대의 제도에 익숙하지 못하여 뒤처져 고개
에 있다가 밤에 얼어 죽었으니 참혹함은 이루 말할 수도 없었다.

《창의사실기》 정미년(1907) 11월 11일

이처럼 이강년은 언제나 전투와 행군의 최전선에 있었다.
병사들과 함께 달리고 굶고 슬퍼하며 눈 덮인 산자락을 달렸
다. 병사들과 함께 호흡하는 과정에서 병사들에게 존경받았
고 엄정한 군령도 세울 수 있었다. 전선을 이탈하는 부하를
처단할 수 있는 권위도 거기서 나왔다.

의병 대부분이 평범한 포수요, 농민들이었고, 국가로부터
특별한 혜택을 받은 일이나 배운 것도 없는 이들이었다. 이
강년은 끊임없이 병사들을 격려하고 가르치면서 그들의 투
쟁 의지를 북돋웠다. 그가 남긴 언어와 문자들은 모두 춘추
의리를 강조하는 보수적 의병 지도자의 전형으로 남았지만,
그는 《대한매일신보》에 실린 국권 침탈의 사례와 부당성을
병사들에게 읽어주는 지도자이기도 했다. 그 신문은 자신이
미워했던 계몽 운동가들이 만든 것이었지만, 병사들에게 다
가가고자 그리하였던 것이다.

끝으로 이강년의 자부自負가 어떠한 것이었는지를 보기로
한다. 그는 말년의 삶을 '13년 동안의 의병 투쟁'이라고 표현

했다. 단발령 뒤에 봉기하여 일제에 체포될 때까지 13년 동안 그는 의병장으로서 살았다. 왕족의 후예라는 자부심은 난세를 맞아 이를 감당해야 한다는 사명감으로 이어졌다. 산속에 숨어 땔나무하고 글을 읽은 것도 모두 투쟁을 위한 준비였다. 그가 벌인 전투가 몇 번이고, 적을 몇이나 베었는가, 성공했는가 실패했는가를 따지는 것은 그에게 그다지 중요한 문제가 아니었다. 한 걸음 한 걸음 행군 과정이 그에게는 전쟁이었고, 역사와 벌이는 투쟁이었다. 위대한 의병장 이강년은 그 과정에 형성된 것이다. 그는 목숨을 버리는 순간에도 사람으로서 마땅히 해야 할 도리를 가르쳐준 나라의 은혜에 감사했다. 보수적인 선비로서 낡은 시대의 자취를 버릴 수는 없었지만, 병사들과 함께 전선을 달리면서 민중성을 획득했던 그는 영원한 의병장이다.

이강년 연보

(날짜는 음력임)

1858(1세)	12월. 문경 도태 마을에서 이기태李起台(초명은 종태鐘台)와 의령남씨 사이에서 태어남(음력 12월 30일).
1865(8세)	9월. 부친 별세.
1876(19세)?	안동김씨 풍균豊均의 딸과 혼인.
1877(20세)	장녀 출생(김양호金養浩에게 출가).
1879(22세)	6월. 무과 급제.
1880(23세)	4월. 조부 별세.
1881(24세)	6월. 맏아들 승재承宰 출생(~1910).
1884(27세)	삭주부사에 부임하는 백부(기택起宅)를 좇음.
1886(29세)	7월. 초취부인 김씨 별세(1556~1886).
1887(30세)?	안동권씨 인호仁浩의 딸과 혼인(1558~ ?).
1888(31세)	둘째 아들 긍재兢宰 출생(~1951).
1892(36세)	셋째 아들 명재明宰 출생(~1947).
1894(37세)	가을. 동학농민봉기에 참여했다는 주장이 있음.

1896(39세)	1월. 왕릉 장터에서 봉기하여 안동 관찰사를 벰.
	2월. 유인석이 이끄는 호좌의진湖左義陣의 유격장이
	됨. 안보·조령 등지에서 일본군과 여러 차례 접전.
1897(40세)	4월. 김상태와 함께 요동에 머물던 유인석을 찾아
	배움(7월 귀국).
	7월. 단양 금채동에서 모친을 모심.
	10월 유인석이 귀국한다는 말을 듣고 서울까지
	갔다가 돌아옴.
1899(42세)	《화서집華西集》 간행과 배포에 힘씀.
1900(43세)	영춘 남천 마을로 거처를 옮김.
1901(44세)	봄. 문경 완장으로 옮김.
1902(45세)	봄. 유인석에게 글을 올려 《소의신편昭義新編》 출판을
	반대하는 뜻을 전함.
	11월. 모친 별세.
1905(48세)	원용팔과 정운경의 봉기에 병으로 참여하지 못함.
1907(50세)	3~4월. 제천에 머물며 의병을 일으킴. 얼마 뒤 단양
	용소동에서 패전하고 부상을 입음(4월 15일).
	7월 5일. 제천에서 민긍호·조동교·정대무·오경묵
	부대와 연합함. 이때 원주진위대의 무기를 얻은
	윤기영과 함께함.

7월 7일. 제천 전투에서 승리.

7월 11일. 주천에서 의병 대장에 오름.

7월 15일. 충주성 공격.

7월 30일. 문경읍을 장악.

8월 3일. 갈평 전투에서 승리.

8월 11일. 영춘에서 이명상 부대와 합류하고, 뒤에 조동교 부대와 연합.

8월 22일. 청풍의병장 조동교를 처단.

8월 29일. 영월 전투.

9월 16일. 싸리재 전투.

9월 27일~10월 6일. 죽령 부근에서 전투.

10월 21일. 수발 전투에서 패전.

11월 12일. 복상골 전투에서 패전. 그 뒤로 북상.

12월 5일. 화악산 대청동에 도착.

1908(51세)　2월 20일. 화악산의 거릿내 부근에서 전투.

남하하면서 백담사·홍천·양양·삼척 등지에서 전투.

4월 중순. 영월 상동에 도착.

4월 18~19일. 서벽·내성 전투.

6월 4일(양력 7월 2일). 작성산 전투에서 피체.

9월 19일(양력 10월 13일). 서대문 형무소에서 순국.

과천 효령대군 묘역에 출빈出殯.

11월 20일(양력 12월 13일). 제천 장치미로 반장返葬.

1916	12월. 제천에서 《운강선생유고》 3책을 편찬(필사본).
1948	겨울. 문경에서 《운강선생창의일록》을 목판본으로 출간.
1949.	봄. 《운강선생문집》 목판본으로 출간.
19??	묘소를 상주 화북면 입석리로 이장.
1962	건국공로훈장 대한민국장 추서.
1979	문경 완장리에 '이강년 생가'를 복원.
2002	'운강이강년기념관' 준공.

찾아보기